제주섬의 보물지도

알아두면 쓸모 많은 제주의 생물다양성 이야기

제주섬의 보물지도

알아두면 쓸모 많은 제주의 생물다양성 이야기

JTP 생물종다양성연구소 엮음

한그루

제주 미래의 꿈과 희망인
'생물다양성의 가치'를 만나 봐요

　이 책은 한 초등학생의 질문에서부터 시작되었습니다. "제주도에는 엄청나게 많은 생물들이 살고 있다는데, 그래서 뭐가 어떻다는 건가요?"라는 질문이었습니다. 처음에는 무슨 이야기를 해야 하나 고민도 하였지만, 생물종다양성연구소에서 하는 일들을 중심으로 생물다양성의 중요성을 하나하나 들려주자 학생은 놀라면서 고개를 끄덕였습니다. 그리고는 제주도에도 재미있는 생물다양성 이야기가 참 많다고 하면서 친구들에게도 알려달라고 하였습니다. 그 약속의 일환으로《제주 섬의 보물지도-알아두면 쓸모 많은 제주의 생물다양성 이야기》책을 기획하게 되었습니다.

　생물다양성에 관한 학술논문을 발표하거나 생물자원을 산업적으로 이용하는 연구도 필요하지만, 무엇보다도 생물다양성의 가치를 제대로 알리는 것이 더욱 중요함을 알게 되었습니다. 제주의 생물다양성은 우리의 생명력이자 미래이기 때문입니다. 이에, 우선적으로 초·중학교 학생들에게 제주의 자연생태계와 생물다양성의 소중함을 전달하고자 하였습니다.

이 책은 제주 생물다양성을 현장에서 연구하면서 다루었던 주제들을 중심으로 하여, 총 3장으로 이루어졌습니다. 첫 번째는 생물다양성 보전에 관한 이야기로서 "생물다양성은 왜 중요한가요?" 등의 14개의 주제를 다루고 있습니다. 두 번째 장은 재미있는 생물다양성 이야기로서 "짝퉁 다금바리 찾아내는 방법" 등 20개의 주제를 소개하고 있습니다. 세 번째 장은 생물다양성이 주는 선물 이야기로서 "제주 몸국으로 다이어트 하기" 등 산업적 이용과 관련된 22개의 이야기를 다루고 있습니다.

글쓰기를 마치고, 학생의 입장에서 책을 다시 읽어 보니 내용이 다소 어렵고 딱딱함을 알게 됩니다. 이제 처음 시작이니, 모자람은 앞으로 더 채워가겠습니다.

아무쪼록, 이 책을 통해 제주 미래의 경쟁력이 되는 생물다양성의 귀중한 가치를 만나볼 수 있고, 생물다양성의 중요성에 대한 인식이 새로워지길 기대해 봅니다.

제주테크노파크 생물공나양성연구소

제주섬의 보물지도

알아두면 쓸모 많은 제주의 생물다양성 이야기

차 례

II 장. 재미있는 생물다양성 이야기

III 장. 생물다양성이 주는 선물 이야기

I장.

생물다양성
보전 이야기

생명체가 지구상에
처음 나타난 건 언제일까요?

우리 지구는 몇 살일까요? 우리가 살고 있는 지구는 무려 45억 살입니다. 45억 년 전 태양계가 만들어지면서 함께 태어났죠. 그럼 우리 지구에 살고 있는 수많은 생물체들은 언제 생겨났을까요?

45억 년 전 지구가 막 태어났을 때는 온 세상이 불덩이였어요. 어떤 생명체도 살 수 없는 환경이었지요. 하늘에서는 크고 작은 수많은 운석들이 지구의 중력에 이끌려와 부딪쳤고, 그래서 생긴 엄청난 먼지구름이 온 하늘을 뒤덮었지요. 이런 날들이 매일 매일 이어지다 보니 하늘에 낀 먼지구름 때문에 태양빛이 차단되어서 지구는 점점 차갑게 식어갔어요. 공중에 떠다니던 수증기들이 기온이 낮아지면서 천둥과 번개와 함께 비가 되어 내리기 시작했고, 지구 표면의 용암 바다는 식어가면서 육지로 변해갔죠. 그리고 엄청나게 내리는 빗물은 낮은 지대로 모여들어 바다가 되었답니다.

　이렇게 지구는 육지와 바다를 가진 행성이 되었습니다. 먼지구름이 사라진 하늘에서는 태양으로부터 온 강한 자외선이 온 세상에 내리 쬐고 있었으나, 깊은 바닷속까지는 들어오지 못했지요. 바닷물이 강력한 자외선을 막아주는 방패 역할을 톡톡히 해주었기 때문이에요. 바닷속에서는 세포를 구성하는 데 필수적으로 필요한 핵산과 아미노산 등 단순한 유기물질들이 만들어지면서 생명체를 탄생시킬 준비가 차근차근 진행되어 가고 있었는데, 이러한 단순한 유기물질이 만들어

지구 생명체의 기원은?

지는 현상은 실제 실험을 통해서도 밝혀진 적이 있지요. 그 실험이 바로 1953년에 있었던 밀러 실험입니다. 밀러 실험에서는 물, 메탄, 암모니아, 수소를 채운 유리관에 전기를 이용한 작은 번개를 만들어 유기물질이 합성되는 것을 보여줬는데, 이 실험을 통해 초기 지구의 환경에서 유기물질이 만들어질 수 있다는 것이 밝혀졌지요.

지구 탄생 이후 약 10억 년이 지난 후 바닷속에 떠돌던 유기물질들로부터 단순한 형태의 세포가 만들어지게 됩니다. 많은 과학자들이 아주 단순한 형태의 이 원시 세포가 지금 우리가 살고 있는 지구의 모든 생물들의 조상일 것이라고 생각하고 있지요.

그러나 최근 독일의 한 연구팀에 의해 새로운 학설이 제기되었는데, 그것은 바로 최초의 생명체는 바다가 아닌 육지의 뜨거운 웅덩이 속에서 탄생되었다는 것이에요. 그럼 드디어 생명체 탄생의 비밀이 밝혀진 것일까요? 그건 아직 아무도 몰라요. 밀러 실험도 유기물질이 만들어진 것까지만 보여준 것이지 실제 세포가 만들어진 것은 아니었기 때문이지요. 그리고 지금까지도 세포가 만들어지는 과정에 대한 과학자들의 논쟁이 끊이지 않고 있다고 해요. 어떤 사람들은 최초의 생명체가 우주로부터 온 것이라고 주장하기도 하지요. 누구도 모르는 이 수수께끼를 여러분들이 훌륭한 과학자가 되어 풀어보는 것은 어때요?

지구에는 어떤 생물들이
살고 있을까요?

우리가 살고 있는 지구상에 최초의 생명체가 등장한 시기는 지금부터 약 35~38억 년 전이라고 합니다. 최초의 생명체가 지구에 등장한 이후 오늘에 이르기까지 오랜 기간 동안 수많은 생물들이 탄생하였고, 또 멸종되어 사라지기도 하였지요.

그럼, 지구에 살고 있는 생물들이 얼마나 다양한지 알아볼까요? 우선 생물들이 어떻게 분류되어 있는지 알아둘 필요가 있어요. 생물분류학자들은 지구상의 모든 생물체를 크게 3개의 역(域, Domain 또는 Empire)으로 분류한답니다. 진정세균, 고세균, 진핵생물이 바로 그것이지요. 이 3개의 역은 다시 6개의 계(界, Kingdom)로 분류할 수 있는데, 진정세균계, 고세균계, 균계, 원생생물계, 식물계, 동물계로 분류되어 있답니다.

이제 조금 재미없고 어려워지는 이야기가 나오지만 생물을 분류하

구분	특징	생물상
진정세균계	한 개의 세포로 이루어져 핵이 없음	박테리아 등
고세균계		메탄생성균, 극호염성균, 호열성균, 초고온성균 등
균계	엽록소가 없어서 스스로 양분을 만들지 못함 다른 생물의 양분을 얻어서 생존	효모, 곰팡이, 버섯 등
원생생물계	대부분 단세포 생물로 핵을 갖고 있음	규조류, 아메바, 유글레나, 짚신벌레 등
식물계	엽록소가 있어서 스스로 양분을 만듦	이끼, 소나무, 고사리, 민들레 등
동물계	스스로 양분을 만들 수 없어서 다른 식물이나 동물을 먹고 생존	척추동물: 어류, 조류, 포유류 등 무척추동물: 거미류, 곤충 등

는 데 꼭 알아야 할 내용이니까 잘 읽어보세요. 모든 생물의 분류체계는 크게 역-계-문-강-목-과-속-종의 순으로 나뉘며, '종'이 생물분류의 기본 단위로 사용되고 있답니다. 이제부터는 지구에 살고 있는 생물들이 어떤 것들이 있는지 분류체계의 하나인 '문'을 기준으로 알아볼게요.

지구촌의
동물

우선 동물계에 속하는 '척삭동물문'이에요. 척삭은 대부분 척추로 바뀌지만 평생 척삭이 남아있는 동물도 있다고 해요. 일반적으로 우리가 척추가 있다고 하는 생물들은 모두 이 '척삭동물문'으로 분류된다고 생각하면 쉬워요. 척삭동물에 속하는 생물들은 포유류(사람, 개, 고양이 등), 양서류(개구리, 도롱뇽 등), 파충류(뱀, 도마뱀, 악어, 거북이 등), 조류(독수리, 까마귀, 부엉이 등), 어류(상어, 금붕어, 참다랑어 등)와 피낭동물 아문에 속하는 해초강, 탈리아강과 같은 동물들이 있답니다.

몸이 마디마디로 이루어진 '절지동물문'에는 곤충류(개미, 벌, 나비, 딱정벌레 등), 거미류(무당거미, 늑대거미, 유령거미 등), 갑각류(게, 새우, 가재 등) 등이 속하지요.

몸이 흐물흐물거리는 '연체동물문'에는 달팽이, 오징어, 문어, 조개와 같은 동물이 있고, '환형동물문'에는 거머리나 지렁이와 같은 동물이 있어요. '선형동물문'에는 사람이나 다른 동물 또는 식물에 기생하며 사는 종들이 많아요. 편충, 회충, 간편충, 십이지장충과 같은 동물이 여기에 속하지요.

'태형동물문'은 몸길이가 1mm 정도의 매우 작은 동물이에요. 여러 개체가 뭉쳐 군집을 이루는 특징이 있는데, 보통 이끼벌레라고 부르기도 하지요. 몇 년 전 한강, 낙동강, 금강, 영산강을 중심으로 '4대강 살리기'라는 명목하에 생태계가 크게 파괴된 적이 있는데, 이때 파헤쳐진 강에 큰빗이끼벌레가 급격히 늘어났어요. 이 큰빗이끼벌레가 바로 태형동물이랍니다.

'편형동물문'은 좌우가 대칭이고 납작한 모양을 보이는 동물인데, 플라나리아, 촌충, 디스토마 등이 여기에 속하지요.

다음으로는 '해면동물문'에 속하는 동물들로 어떤 것들이 있는지 한번 살펴볼게요. 해면동물은 구조가 매우 단순한 하등동물로 대부분 다른 물체에 부착하여 살아간다고 해요. 바다수세미, 별해면, 갈대해면, 검정알해면 등 이름에 해면이라는 글자가 있어서 이름만 알면 어디에 속하는지 쉽게 알 수 있겠죠?

이 외에도 많은 동물들이 존재하지만 동물은 이 정도로 마치고 이제 식물들에 대해 알아볼게요.

지구촌의
식물

식물계에서 우선 가장 많은 종이 보고되어 있는 '속씨식물문'은 크게 쌍떡잎식물과 외떡잎식물로 나누어져요. 개나리, 녹나무, 목련, 백합, 벼, 포도, 사과, 배 등 우리 주변에서 흔히 보이는 꽃과 나무들은 대부분 '속씨식물문'에 속하는 식물이지요. 피자식물, 개화식물 등으로 불리기도 하는데, 이름 그대로 씨가 밖에서 보이지 않고 '씨방'이라는 주머니에 싸여 있어요. 이 씨방은 나중에 우리가 좋아하는 맛있는 열매가 된답니다.

'양치식물문'은 흔히 말하는 고사리 종류들이지요. 양치식물은 4억 1천 6백만 년 전에서 3억 5천 9백만 년 전까지의 기간인 데본기에 가장 번성했던 것으로 추측하고 있어요. 양치류, 솔잎란류, 석송류, 속새류 등이 바로 이 양치식물에 속하는 식물들이에요.

'선태식물문'은 이끼라고 부르는 식물들이에요. 선류와 태류를 포함

개나리(속씨식물문)

고사리(양치식물문)

물이끼(선태식물문)

하여 선태식물이라고 부르는데 분류학적으로는 양치식물과 가까운
친척이랍니다. 물이끼, 검정이끼, 솔이끼 등이 있지요. 진화학자들은
육상생활에 적응한 최초의 식물이 바로 이 선태식물이 아닐까 생각한
답니다.

동물, 식물 이외의
생물들

이제까지 동물계와 식물계에 속하는 다양한 생물들에 대해 알아보았는데요. 진정세균계, 고세균계, 균계, 원생생물계에 대해서도 간단하게 알아보도록 하지요. '진정세균'은 일반적으로 우리가 세균 또는 박테리아라고 부르는 생물들을 말하는데, 고세균과의 구분을 위해 '진정세균'이라고 하는 것이랍니다. 진정세균은 형태에 따라서 구균, 간균, 나선균으로 나뉘어 구분하는데, 구균은 둥근 모양, 간균은 막대 모양, 나선균은 구불구불한 나선형으로 생겨서 그런 이름이 붙여졌어요.

이 진정세균들은 우리에게 치명적인 질병을 일으키는 병균인 종류도 있지만, 치즈나 요구르트와 같은 발효 식품을 만드는 데 이용되기도 하지요. 과학자들은 이 진정세균의 일종인 대장균을 이용해서 유전자 연구에 활용하기도 한답니다.

'고세균'은 메탄생성균, 극호염성균, 호열성균, 초고온성균으로 구분할 수 있는데, 메탄생성균은 이산화탄소와 수소를 메탄가스로 전환시킬 수 있는 능력을 가진 생물이고, 극호염성균은 천일염전과 같은 소금이 풍부한 곳에서 살아가는 생물이라고 해요. 호열성균은 45℃ 이상의 온도에서도 생존이 가능한 생물이라 열을 좋아한다는 뜻의 호열성균이라고 이름이 지어졌지요.

그럼 마지막으로 초고온성균은 어떤 곳에서 살아가고 있을까요? 이름이 말해주듯이 온도가 매우 높은 땅속 깊은 곳이나 바닷속 깊은 곳에 있는 열수공에서 주로 살아간다고 해요. 심해 열수공의 온도가 350℃ 정도라고 하니 얼마나 뜨거운지 알겠죠? 고세균은 이렇게 뜨거

| 구균(구형) | 간균(막대형) | 나선균(나선형) |

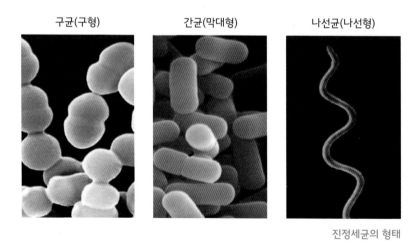

진정세균의 형태

운 곳을 좋아한다고 하니 정말 신기할 따름이네요.

'균계'는 어떤 생물들을 모아놓은 분류체계일까요? 그건 바로 우리가 곰팡이, 버섯, 효모 등으로 부르고 있는 생물들을 말해요. 공식적인 분류가 아닌 특징에 따라 분류해보면 3가지 정도로 나눌 수 있어요. 퇴비나 낙엽, 고목 등의 유기물을 분해하여 살아가는 '사생균'과 다른 동물이나 곤충에 기생하면서 살아가는 '기생균', 그리고 다른 생물과 서로 도움을 주고받으며 사는 '공생균'이 있답니다.

이제 마지막으로 '원생생물'에는 어떤 생물들이 있는지 살펴볼게요. '원생생물'은 3개의 역과 6개의 계로 나뉘는 분류체계에서 다른 5개의 계에 속하지 않는 생물을 분류해 놓은 것이랍니다. 이 원생생물 중에서 일부만 잠깐 소개해보도록 할게요.

우선 '규조류'가 있어요. 규조류는 식물플랑크톤의 한 종류인데 햇볕을 받아서 산소를 만들어내는 광합성 식물플랑크톤이랍니다. 또 다른 종류로는 '아메바'가 있는데 꾸물꾸물 움직이면서 몸 한쪽을 길게 뻗어 다른 작은 조류나 박테리아들을 삼켜서 배를 채운답니다. 또 다른 종류로는 '짚신벌레'가 있지요. 이름에서 알 수 있듯이 우리나라 옛 조상들이 신던 짚신과 그 모습이 닮아있어요. 우리들이 살고 있는 집 근처 연못에서 물을 한 컵 떠서 현미경으로 살펴보면 찾을 수 있답니다.

이렇게 우리 지구에는 동물과 식물들, 그리고 눈에 안 보이는 아주 작은 미생물들까지 아주 다양한 생물들이 살아가고 있다는 걸 알게 되었어요. 이 모든 생물들은 각자 자기가 살고 있는 환경에 맞춰 진화해 왔을 것이고, 앞으로도 변해가는 환경에 맞추어 진화해 나아갈 테지요. 그렇게 다양한 환경에 적응해가면서 현재의 다양한 생물들이 존재하게 되었을 것입니다.

그런데 환경파괴로 인해 이렇게 다양한 생물들이 사라져가고 있다고 해요. 이제부터라도 지구에 살고 있는 다양한 생물들이 더 이상 사라지지 않도록 환경을 아끼고 사랑해야겠죠?

생물다양성이란
뭔가요?

　　　　　생물다양성은 말 그대로 '생물'과 '다양성'을 합한 말이에요. 생물이란 살아서 숨 쉬고 활동할 수 있는 생명체를 말하고, 다양성은 특성이 매우 많은 것을 가리키고요. 따라서, 생물다양성은 살아 숨 쉬는 생명체가 매우 다양하다는 뜻이에요.

　세계 여러 나라는 지구상의 다양한 생물을 잘 보전하고 우리 인간에게 유용하게 잘 활용하기 위해서 생물다양성협약을 맺었는데, 생물다양성에 대한 정의를 다음과 같이 설명하고 있답니다.

　생물다양성이란 육상·해상 및 그 밖의 수중생태계와 이들 생태계가 부분을 이루는 복합생태계 등 모든 분야의 생물체 간의 변이성을 말하며, 이는 종내의 다양성, 종간의 다양성 및 생태계의 다양성을 포함한다.

즉, 생물다양성이란 '종 다양성', '생태계 다양성', '유전자 다양성'을 모두 포함하여 부르는 말이라는 뜻이지요. '종 다양성'은 생물을 분류하는 데 있어서 가장 기본이 되는 단위인 '종'이 다양하다는 뜻이에요. 생물을 분류함에 있어서 '종'이라는 개념은 암수가 만나 자손을 낳고, 그 자손들이 또 자손을 낳을 수 있어야 '종'으로 부를 수 있답니다. 이러한 과정을 세대를 이어간다고 표현하지요. 즉, 세대를 이어갈 수 없는 두 생물은 서로 다른 종인 것이랍니다. 예를 들어, 개와 고양이는 암수가 만나 새끼를 낳을 수 없지요? 바로 서로가 다른 종이기 때문이지요. 까치와 까마귀가 만나도 마찬가지예요. 그런데 특별한 경우도 있어요. 수컷 사자와 암컷 호랑이가 만나면 라이거라는 새끼를 낳을 수 있고, 반대로 암컷 사자와 수컷 호랑이가 만나서 타이언이라고 부르는 새끼를 낳을 수 있지요. 그러나 라이거나 타이언은 새끼를 낳을 수 없는 몸을 가지고 태어나요. 즉, 세대를 이어갈 수 있는 능력이 없는 것이지요. 그래서 비록 새끼는 낳았지만 세대를 이어갈 수 없기 때문에 이런 경우에도 사자와 호랑이는 같은 종이 아니에요.

다음으로 '생태계 다양성'이란 생물들이 살아가는 환경이 다양하다는 의미와 그 환경에서 같이 살아가는 생물들 간의 상호작용이 다양하다는 의미예요. 산, 강, 호수, 바다, 사막, 동굴 등 지구에 사는 생물들은 다양한 환경에서 살아가고 있지요. 그 환경 안에서 포식자에게 잡아먹히기도 하고, 몸 안팎에서 기생하며 살아가기도 하며, 서로 돕고 사는 공생관계를 맺기도 해요. 이렇게 다양한 생태계를 통해 '종 다양성'이 생겨나게 되는 것이고, '종 다양성'은 다시 생태계의 다양성을 만들어가는 것이랍니다.

마지막으로 '유전자 다양성'에 대해 알아볼게요. '유전자 다양성'이라는 말은 각각의 생물종이 가지고 있는 유전자가 다양하다는 의미랍니다. 유전자는 생물의 생김새나 다른 여러 가지 특징들을 결정하는 중요한 역할을 하지요. 유전자는 DNA로 이루어져 있는데 이 DNA는 모든 동식물이 똑같지 않고 조금씩 다르게 구성되어 있답니다. 이렇게 유전자가 조금씩 다르게 구성되어 있는 것을 변이라고 표현하는데요. 이러한 유전자의 변이가 다양하기 때문에 유전자가 다양하게 존재하는 것이랍니다. 유전자의 변이는 생물이 어떤 자극에 대한 반응을 다양하게 나타내게 만들어주는데, 이러한 다양한 반응이 그 생물의 생존을 좌우할 수도 있을 만큼 중요하답니다.

이런 생물다양성이 지금의 우리 지구에 많은 생물들이 살아가게 한 이유였지요. 그런데 산업이 발전하면서 자연이 파괴되고, 알게 모르게 수많은 생물들이 멸종되어 왔어요. 예전에는 한반도에 호랑이가 살았지만 현재는 찾아볼 수 없듯이 인간의 욕심에 의해 사라져간 생물들이 너무나 많지요. 생물다양성이 풍부해야 우리 인간도 살아갈 수 있답니다. 생물다양성을 파괴하기는 매우 쉽지만 이를 다시 회복하는 데는 매우 오랜 시간이 걸려요. 그렇기 때문에 지금 파괴한 자연환경이 결국 우리 자손들의 생존에 위협이 될 수 있음을 잊어서는 안 되겠지요?

생물다양성은
왜 중요한가요?

생물다양성은 수많은 생물체(동식물 및 미생물)와 그들이 갖고 있는 유전자, 그들의 주변 환경 생태계 등을 포함하는 것으로서, 생물이 다양하다는 것과 같아요. 1989년 세계자연보호재단은 '생물다양성이란 수백만여 종의 동식물과 미생물, 그들이 담고 있는 유전자, 그리고 그들의 환경을 구성하는 복잡하고 다양한 생태계 등 지구상에 살아 있는 모든 생태계의 풍요로움'이라고 정의하기도 하였답니다.

생물다양성의 손실은 인류의 문화와 복지, 더 나아가서 인류의 생존을 위협하는 요인이에요. 인간은 의식주, 특히 음식물과 의약품 및 산업용 산물들을 생물다양성으로부터 얻고 있지요. 즉, 인간은 자연생태계의 일부이지만 생태계 내에서 최종 소비자의 위치를 차지하고 자연을 이용하여 살아가고 있답니다. 이러한 위치에서 인간은 생활에 필요한 모든 물질들을 다른 생물체로부터 얻어 쓰고 있기 때문에 생물다양성이 매우 중요한 것이지요.

국제자연보존연맹(IUCN)에 따르면 우리 지구에 살고 있는 생물들은 열대지역에 가장 많으며, 그중에서도 열대우림에 지구에 사는 생물의 약 50%가량이 살고 있다고 해요. 하지만 열대우림은 주로 가난한 나라에 속해있고, 해마다 경제발전을 이유로 빠르게 파괴되고 있다고 하네요. 이렇게 자연환경을 파괴해 나간다면 생물다양성이 심각하게 줄어들게 될 것이고, 결국 우리 인간에게까지 피해가 생기겠지요.

우리 인간은 살아가면서 먹는 것, 입는 것들을 해결하기 위해서 오래전부터 다른 생물들을 이용해 왔어요. 특히 다른 생물들로부터 음식물이나 아플 때 쓰는 약을 만들어 이용해 왔지요.

우리나라나 중국, 일본과 같은 동양에서는 예로부터 약 5,000종이 넘는 생물들을 이용하여 질병을 치료해 왔고, 미국에서 현재 만들어지는 수많은 약들 중 약 25% 정도가 식물성분을 포함하고 있다고 해요. 생물다양성이 있었기에 우리 인간이 오랫동안 다양한 생물을 이용해 올 수 있었던 것이지요.

특히 농업에서는 생물다양성이 얼마나 중요한지 잘 나타나요. 우리 인간은 신석기시대에 농사를 처음 시작했어요. 여기저기를 떠돌아다니며 음식을 구해 살아가던 중 곡식을 재배하고 수확하여 음식을 만들어 먹기 시작한 것이었지요. 하지만 오랫동안 대대손손 농사를 지어오다 보니 각종 병이나 해충 때문에 농사를 망치는 경우가 많았어

녹차 농업에서의 생물다양성

요. 그래서 질병이나 해충에 피해를 덜 입는 강한 품종이 필요해졌고, 점차 인공교배 기술이 발달하면서 여러 가지 질병에 강한 품종, 해충에 강한 품종들이 만들어지게 되었어요. 생물다양성이 충분하였기에 여러 가지 조합으로 다양한 품종들 간에 인공교배를 할 수 있었던 것이지요.

식물뿐만 아니라 동물에서도 소나 돼지, 닭과 같이 가축을 기르기 시작하면서 질병에도 강하고 덩치도 더 커져서 고기를 많이 얻어낼 수 있도록 품종 개량이 이루어져 왔답니다. 이것뿐만 아니라 개나 고양이와 같이 우리 곁에서 생활하는 애완동물들도 좀 더 예쁘고 귀여운 모습을 갖도록 하거나, 경찰견과 같이 냄새를 좀 더 잘 맡는 능력을 가진 품종을 만들어 유용하게 이용해오고 있지요.

생물다양성이 충분하지 못한 경우 우리 인간들도 결국 피해를 입을 수밖에 없답니다. 당장 느껴지는 피해가 없다고 이대로 파괴되는 환경을 보고만 있다면 그 대가를 치르는 것은 결국 우리가 될 거예요. 생물다양성 보전은 나중이 아닌 지금 당장 우리가 해야 할 중요한 일이라는 점, 꼭 기억해두길 바라요.

생물다양성의
위협 요인은 뭔가요?

생물다양성 감소로 지구의 쾌적한 환경이 훼손되어 인류에게 위기가 찾아올 수 있다는데, 생물다양성은 왜 감소하는 걸까요? 한라산의 구상나무 숲이 사라지고 있고, 물장군, 애기뿔소똥구리들을 쉽게 찾아보기가 힘들지요. 이렇듯, 우리 주변의 생물다양성들도 크게 감소하고 있는데, 여러분은 생물다양성을 위협하는 가장 큰 요인은 뭐라고 생각하나요?

환경오염 때문에 생물들이 죽고 있고, 생물들의 서식지가 파괴되고 있고, 생물들을 마구 잡아 죽이기 때문이라고 대답할 수 있지요. 맞아요. 생물다양성을 감소시키는 원인은 매우 많지만, 가장 큰 원인은 사람이랍니다. 도시화, 산업화 등의 개발과 오염을 통해 수많은 생물종을 멸종시킨 건 인간이기 때문이에요.

생물다양성 전문가들은 생물다양성을 감소시키는 근본적인 문제를 다섯 가지로 크게 구분하고 있지요. 서식지 감소, 외래종의 유입, 환경오염, 인구증가, 과다 수확 등으로 나누는데, 한 가지씩 살펴봐요.

열대우림이나 초원들이 농경지, 방목장, 도시로 바뀌면서 그곳에 살던 생물들은 갈 곳이 없어지게 되지요. 외래종 유입도 생태계를 크게 위협해요. 제주도에 유입된 까치가 제주의 자생 조류들을 멸종 위기에 몰아넣는 상황이 되고 있는 것은 좋은 예이지요. 인간 활동으로 발생하는 다양한 물질들은 환경을 오염시켜요. 각종 오염물질들은 공기, 물, 토양 등을 오염시켜 생물다양성을 감소시키고 있답니다. 기후변화도 큰 문제지요. 석유, 석탄 등의 화석원료 사용으로 발생한 기후

대기를 오염시키는 공장 매연

변화는 지구 곳곳에 가뭄, 홍수, 태풍을 자주 발생시킬 뿐만 아니라 계절 변화를 불규칙으로 일으켜 생물다양성을 위협하고 있답니다. 지구 온난화가 계속되어 지구의 온도가 지금보다 1℃ 상승하면 양서류가 모두 멸종하고, 2~3℃ 오르면 지구 생물의 20~30%가 사라진다고 해요. 끔찍한 일이지요.

사실, 앞서 말한 모든 원인들의 근본은 인구 증가에 있다고 볼 수 있어요. 폭발적인 인구 증가로 인한 과다 수확이 이루어지면서 생물다양성 생태계를 위협하고 있는 것이지요.

생물다양성을 위협하는 몇 가지 원인에 대해서 알아봤으니, 빨리 대책도 세워야 하겠지요. 생물다양성을 보호·보전하기 위해서 안 쓰

공장폐수와 생활하수로 더러워지는 하천

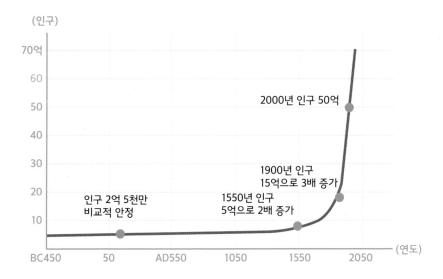

폭발적인 인구 증가를 보여주는 그래프

는 전기코드를 뽑아두는 것부터, 가까운 거리를 걸어 다니거나 대중
교통을 활용하는 작은 행동부터 실천해 나간다면 먼 미래에도 아름다
운 꽃과 귀여운 동물들을 계속 볼 수 있을 거예요.

한국과 제주도의
생물다양성은 어떤가요?

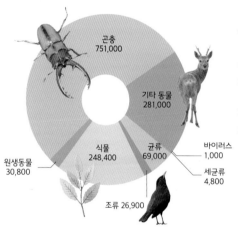

현재까지 발견되어 명명된 생물종의 수

한국의 생물종 - 45,295종
(국립생물자원관, 2016년 3월)

제주도의 생물종 - 9,700여 종
(미생물 자원 미포함, 제주도, 2016년 8월)

곤충
751,000

기타 동물
281,000

식물
248,400

균류
69,000

바이러스
1,000

세균류
4,800

원생동물
30,800

조류 26,900

    우리나라에 서식하는 생물종은 약 4만 5천 295종으로 조사되었는데, 아직 기록되지 않은 생물종을 약 10만여 종으로 파악하고 있답니다. 엄청 많은 숫자지요.

    그렇다면 제주도의 자생생물은 얼마나 있을까요? 최근 조사 자료에 의하면, 9,787종이 제주에 서식한다고 해요. 곤충을 포함하는 동물계가 6,149종이고, 식물계가 2,741종이라 하네요. 제주도는 작은 섬이지만 생물다양성이 아주 풍부한 곳이지요.

생물권보전지역, 뭐지요?
제주에도 있나요?

생물권보전지역은 유네스코가 지정하는 세계적으로 뛰어난 자연생태계예요. 유네스코는 자연을 파괴하지 않고 인간과 자연이 공존할 수 있는 방법을 찾다가 1971년에 '인간과 생

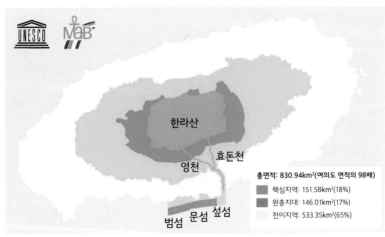

제주지역 생물권보전지역

한라산 백록담

물권계획'을 만들어 생물권보전지역을 선정하기 시작했지요. 생물권
보전지역에서는 사람이 자연을 잘 보전함으로써 자연으로부터 얻는
이익을 다시 자연을 보전하는 데 이용하게 돼요. 다시 말하면, 사람들
은 생물권보전지역 브랜드 활용이나 생태관광을 통해 경제적 이익을
얻고, 이를 다시 생태계 보전에 이용하는 거지요.

우리나라에는 제주도를 비롯하여 설악산, 신안 다도해, 광릉숲, 고
창 등이 생물권보전지역으로 선정되어 있답니다.

제주도 생물권보전지역은 2002년 12월에 처음 지정되었는데, 한라
산국립공원과 천연기념물로 지정된 영천과 효돈천, 서귀포 앞바다에
위치한 3개의 섬(섶섬, 문섬, 범섬)으로 이루어졌답니다.

제주에 서식하는 식물 중
멸종위기종은 얼마나 될까요?

　　　　　제주도의 식생은 기후, 지리적 위치, 해발
고도와 지세 등의 영향으로 난대식물대부터 한라산 정상부의 고산식
물대까지 다양하게 분포하고 있답니다. 한라산 정상부에는 빙하시대
에 남하했던 한대성 식물종이 서식하고 있으며, 저지대와 섬의 난림
대에는 많은 고유종과 멸종위기종이 서식하고 있지요. 한라산을 중
심으로 2,000여 종의 식물이 자생하고 있답니다.

　이렇듯, 제주도는 식물의 보물창고라고 할 만큼 다양한 희귀식물들
이 분포하고 있는데, 관속식물의 약 절반이 제주도에 자생하며 약 200
여 종의 한국 특산종이 분포한답니다. 또한 한국의 멸종위기종 및 보
호야생종이 제주도에만 약 1/2이 분포한다고 하네요.

　그럼, 제주도에 서식하는 식물들 중 멸종위기종은 얼마나 될까요?
우리나라에 서식하는 식물 중 멸종위기 I급은 11종, 멸종위기 II급은

77종이 있답니다. (2017년 12월 29일 현재) 이 중 제주에 서식 중인 멸종위기 식물은 총 29종으로 멸종위기 I급이 8종, 멸종위기 II급이 21종 있지요. 어떠한 식물들을 보호해야 할까요? 멸종위기 I급으로는 한란, 죽백란, 풍란, 암매(돌매화나무), 만년콩, 금자란, 비자란, 한라솜다리 등 8종이 있어요. 한란, 죽백란, 만년콩은 서귀포 지역에서만 서식한다고 하네요. 또한 세상에서 제일 작은 나무인 암매는 고산식물로서 한국에서는 한라산과 백두산에서만 자생하지요. 멸종위기 II급에는 개가시나무, 대흥란, 무주나무, 백운란, 삼백초, 석곡, 솔잎란, 순채, 으름난초, 제주고사리삼, 죽절초, 지네발란, 차걸이난, 초령목, 콩짜개난, 탐라난, 파초일엽, 한라송이풀, 황근, 매화마름, 산작약이 지정되

돌매화나무

제주고사리삼

어 있답니다. 이 중 개가시나무, 무주나무, 제주고사리삼, 죽절초, 차
걸이난, 탐라난, 파초일엽, 한라송이풀은 한국에서 제주도에만 서식
하는 종이랍니다. 그중 제주고사리삼은 2001년 학계에 발표된 신종
으로 1속 1종인 희귀식물이에요. 식물학자인 박완규와 제주의 이름
을 딴 '만규아 제주엔서(Mankyua chejuense)'라고 학명을 지었다네요. 특
히 세계에서는 현재까지 제주도에만 분포하고 그것도 중산간 지역의
곶자왈에만 드물게 자라는 특산속이랍니다. 이처럼 사라져 가는 우
리 주위의 생물들을 보살피고 아껴서 우리의 후손들에게 물려주는 것
은 어떨까요?

제주에 서식하는
멸종위기 곤충은?

우리나라 환경부에서 지정한 멸종위기 곤충은 26종이에요. 그중 제주에 서식하는 멸종위기 곤충은 8종이 있는데, 이 중 2종은 유일하게 제주도에만 살고 있답니다. 바로 두점박이사슴벌레와 산굴뚝나비지요. 육지부와 제주도에 살고 있는 멸종위기 곤충은 6종으로서, 물장군, 비단벌레, 왕은점표범나비, 소똥구리, 애기뿔소똥구리, 물방개가 있답니다. (2017년 12월 29일 현재)

그럼, 제주도에 살고 있는 8종의 멸종위기 곤충을 하나씩 살펴볼까요?

먼저 두점박이사슴벌레(*P. blanchardi*)는 몸의 크기가 성별에 따라 다른데요. 수컷은 45~65mm, 암컷은 28~39mm 정도예요. 몸은 갈색이고, 가슴 양옆에 검정색 점이 있어요. 제주도에서는 한라산 중산간 계곡 주변과 곶자왈 등에서 볼 수 있어요.

산굴뚝나비(*E. autonoe*)는 크기가 17~22mm 정도인데, 날개 윗면은 연한 갈색이고, 앞날개와 뒷날개에는 흰색 띠무늬가 연결되어 있어요. 우리나라에서는 제주도 한라산과 북한의 개마고원에서 살고 있고요. 예전에는 한라산 해발 1,300m 이상의 관목림 초지에 살고 있었지만, 요즘에는 기후 온난화 때문에 해발 1,600m 이상에서 관찰되고 있어요. 김의풀, 꿀풀 등의 식물에 모여든답니다.

물장군(*L. deyrollei*)의 몸은 48~65mm예요. 다른 생물을 잡아채기 좋게 발달된 앞다리가 특이한데요. 이 다리로 작은 물고기나 올챙이, 개구리 같은 수생동물을 잡아 체액을 빨아 먹어요. 물장군은 부성애가 뛰어난 곤충으로 알려져 있어요. 6월부터 8월까지 알을 낳고 부화할

두점박이사슴벌레 　　　　산굴뚝나비 　　　　물장군

비단벌레 　　　　왕은점표범나비 　　　　소똥구리

애기뿔소똥구리 　　　　물방개

때까지 수컷이 지극한 사랑으로 알을 지킨다고 해요.

비단벌레(*C. fulgidissima*)는 크기가 30~40mm의 대형 딱정벌레인데요. 몸 색깔이 초록색 또는 금록색으로 화려한 광택을 내기 때문에 삼국시대 신라에서는 말의 안장으로 사용됐어요. 권력과 부의 상징이 되는 곤충이었지요. 하지만 벚나무, 팽나무, 가시나무 등에게는 해로운 곤충이에요. 특히 팽나무 군락지에 많이 살고 있는데, 현재 우리나라에서는 수가 급격히 줄어들어서 전라남도 일대에서만 볼 수 있어요.

왕은점표범나비(*F. nerippe*)는 몸의 크기가 32~44mm 정도예요. 날개의 검은색 점과 선의 크기와 두께가 크게 차이가 나요. 숲 주변과 풀밭에 살면서 개망초, 엉겅퀴 같은 꽃에 몰려들어요. 한여름에는 여름잠을 자고 초가을에 깨어나 활동하는 특징이 있어요. 하지만 최근에는 제주도에서 잘 관찰되지 않아요.

애기뿔소똥구리(*C. tripartitus*)는 크기가 14~17mm 정도인데, 머리 앞은 부채 모양이고, 뿔 모양의 돌기가 있어요. 목장지대나 한라산 등에서 볼 수 있는데, 초식동물의 배설물에 모여들어 알을 낳아요.

소똥구리(*G. mopsus*)는 안타깝게도 현재 우리나라에서는 멸종된 것으로 알려져 있어요. 최근에 동북아시아 종을 들여와서 우리나라 소똥구리를 다시 복원하는 방법을 찾고 있어요.

물방개(*Cybister japonicus* Sharp)는 연못이나 늪, 하천 등의 물속에 살아요. 몸길이는 35~40mm이고, 넓적한 타원형이에요. 딱지날개와 등판 사이에 있는 공간에 저장한 공기를 이용해서 숨을 쉰답니다.

제주에 서식하는 해조류 중
멸종위기종은?

멸종위기 생물 중에 제주에만 서식하는 해조류는 1종이 있는데, 멸종위기 Ⅱ급 보호종으로 등록되어 있답니다. (2017년 12월 29일 현재) 그 해조류는 다름 아닌 '그물공말'이라는 해조류예요. 그물공말은 크기가 3cm 이하로 매우 작고 제주도 남부(사계, 서귀포)와 마라도, 가파도, 성산 등 일부 지역의 조간대에서만 제한적으로 분포해요. 2012년에 멸종위기 Ⅱ급 보호종으로 지정되었지요.

그물공말은 아열대성 해조류로서 기후나 환경변화에 따라 생육 범위가 확대되거나 축소될 수 있어 면밀한 분포조사가 필요한 종이랍니다. 이 그물공말은 고(故) 강제원 교수가 1959년에 우리나라에서 최초로 제주도의 가파도에서 발견하였고, 이후 제주에서만 가끔씩 조사되는 해조류이지요.

그물공말

제주의 곶자왈,
뭐지요?

여러분, 곶자왈이란 단어, 들어보셨나요? 곶자왈은 숲을 뜻하는 제주어 '곶'과 바위 덤불을 뜻하는 '자왈'을 합쳐 만든 제주 고유어로서, 나무, 덩굴식물, 암석 등이 뒤섞여 수풀을 이루게 된 곳을 일컫는 말이에요. 화산폭발 때 용암이 크고 작은 암괴로 쪼개지면서 요철 지형을 이룬 곳에 나무와 덩굴 따위가 마구 엉클어져 자연림을 이룬 지역을 뜻한답니다.

곶자왈은 돌무더기로 인해 농사를 짓지 못하는 곳이었기 때문에 방목지로 이용하거나, 땔감을 얻거나, 숯을 만들거나, 약초 등의 식물을 채취하던 곳으로 이용되었어요. 그래서 한때 불모지 혹은 토지이용 측면에서 활용가치가 떨어지고 생산성이 낮은 땅으로 인식되어 왔지요. 그러나 지금은 세계에서 유일하게 열대 북방한계 식물과 한대 남방한계 식물이 공존하는 생태계의 보고로 알려져 있답니다.

한경-안덕 곶자왈지대

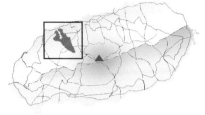

애월 곶자왈지대

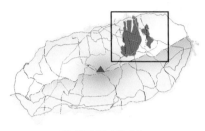

조천-함덕 곶자왈지대

구좌-성산 곶자왈지대

　이러한 곶자왈 지역에는 아무리 많은 비가 내려도 빗물이 그대로 지하로 유입되는 토질을 가지고 있어 지하수 함양에도 중요한 역할을 한다고 해요. 이 때문에 지하수가 풍부하고 보온·보습 효과가 뛰어나 많은 동·식물들이 이 지역에 서식하고 있다고 하네요. 특히, 곶자왈에는 난대림과 온대림을 중심으로 광범위하게 숲이 형성되어 있어요. 그래서 수많은 나무들과 덩굴식물, 암석 등이 뒤섞여 마치 정글처럼 길조차 찾기 어려울 정도예요. 그 속에는 제주에서 최초로 발견된 제주산 양치식물인 제주고사리삼, 한국미기록종인 창일엽과 제주암고사리, 환경부 지정 보호야생식물인 개가시나무, 미기록 목본식물인 천

곶자왈이란

화산분출 시 점성이 높은 용암이 크고 작은 암괴로 쪼개지면서 분출되어 요철(凹凸) 지형을 이루며 쌓여있기 때문에 지하수 함양은 물론, 보온·보습효과를 일으켜 열대식물이 북쪽 한계지점에 자라는 북방한계 식물과 한대식물이 남쪽 한계지점에 자라는 남방한계 식물이 공존하는 세계 유일의 독특한 숲

량금, 환경부 희귀식물인 붓순나무, 환경부 보호식물 지정이 필요한 개톱날고사리 등이 서식하고 있답니다. 곶자왈이 왜 식물다양성의 보고라 불리고 있는지 알 수 있겠죠!

곶자왈을 잘 보존하는 방법에는 ① 무분별한 개발로 자연을 훼손하지 않기 ② 함부로 쓰레기 등의 오물을 버리지 않기 ③ 나무를 부러뜨리거나 희귀 식물 등을 함부로 캐지 않기 ④ 화재가 발생하지 않도록 하기 등이 있어요. 이 외에도 여러분들이 할 수 있는 여러 가지 방법들이 있답니다. 우리 함께 고민하고, 실천해보는 것은 어떨까요?

곶자왈 전경

제주에도 람사르 습지가
있답니다

Ramsar
Convention

여러분은 세계적으로 습지를 보호하는 국제 협약이 있다는 것을 알고 있나요? 그럼, 전 세계적으로 생물다양성의 보고인 습지를 보호하기 위해 생긴 '람사르 협약'에 대해 알아볼까요?

람사르는 카스피 해에 접한 이란의 휴양도시인데, 1971년 이곳에서 습지 보호를 위한 국제 협약인 '람사르 협약'이 체결되었답니다. 정식 명칭은 '물새 서식지로서 국제적으로 중요한 습지에 관한 협약'이지만 일반적으로 '습지협약' 또는 '람사르 협약'이라 부르고 있지요.

람사르 습지로 지정된 곳은 람사르 협약에 따라 보호를 받게 되는데, 여기서 말하는 습지는 하천, 연못, 늪으로 둘러싸인 습한 땅을 의미해요. 람사르 습지로 지정되려면 독특한 생물지리학적 특정을 가진 곳이나 희귀동식물종의 서식지, 또는 물새 서식지로서의 중요성을 가진 습지여야만 한답니다.

　현재 우리나라는 1997년 람사르 협약에 가입한 이후 대암산용늪, 우포늪, 신안장도습지, 순천만, 두웅습지, 무안갯벌, 오대산 국립공원습지, 강화매화마름군락지, 서천갯벌, 운곡습지, 송도갯벌 등 22곳의 습지가 람사르 습지로 등록되어 보전·관리되고 있어요. 그중 제주에는 물장오리오름, 1100고지습지, 동백동산습지, 물영아리오름, 숨은물뱅듸, 이렇게 5개 습지가 지정되어 있어요. 전 세계적으로 람사르 습지로 지정된 곳은 169개국 2,247곳으로 알려져 있답니다. (2016년 12월 기준)

동백동산 습지

물장오리 오름

1100고지 습지

물영아리 오름

숨은물뱅듸

제주바다 생물종이 바뀌고 있답니다

　　　　　　제주도의 바닷속에는 우리나라 해조류의 70%가 자라고 있고, 또한 어류를 포함한 다양한 동물들이 서식하고 있어요. 이러한 제주바다가 최근 수온상승 등의 영향으로 인해 생물종이 크게 바뀌고 있답니다.

　제주바다는 최근 40년간 수온이 1.5도 상승하는 등 우리나라의 다른 지역보다 빠른 속도로 수온이 상승하고 있어요. 이에 제주바다의 생물들도 다양하게 변하고 있지요. 그 예로 제주 연안에 정착하여 살고 있는 아열대성 어류가 해마다 늘어나고 있어요. 제주 연안에 서식하는 어류는 95종인데, 이 중 48종의 어류가 아열대성 어류랍니다. 아열대성 어류가 전체 어류의 51%를 차지하고 있는 셈이지요. 이런 아열대성 어류로는 청줄돔, 거북복, 철갑둥어, 가시복, 쏠배감펭 등이 주를 이루는데, 이것들은 필리핀, 대만, 오키나와 연안에 주로 서식하는

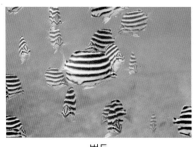
범돔

청줄돔

호리병말미잘과 흰동가리

어류들이에요. 제주까지 엄청난 거리를 이동해 온 거지요.

　수온이 상승함에 따라 주로 아열대에서 살던 비단망사와 같은 해조류도 많이 생겨나고 있답니다. 또 말미잘, 거품돌산호 등의 부착성 동물들이 제주바다의 해조류가 살던 지역을 뒤덮어버리는 현상도 여러 지역에서 볼 수 있어요. 이처럼 변화된 수온에 견뎌내지 못한 생물종은 사라지고 새로운 생물종이 나타나는 자연적인 현상뿐만 아니라 대형 선박들이 배의 중심을 잡기 위해 싣고 다니는 벨러스트 워터에 포함되어 유입되는 이래종으로 인해 생물종의 변화가 일어나기도 해요.

거품돌산호

비단망사

구상나무는 소나무과에 속하는 상록교목
으로 한국의 특산식물이에요. 우리나라의 지리산, 덕유산 등에 분포
하지만 한라산이 세계 최대 규모의 유일한 숲을 보유한 곳이지요. 한
라산 구상나무의 분포면적은 약 800ha 정도랍니다.

구상나무는 유럽에서 크리스마스 트리로 아주 유명하여 '코리안 퍼
트리'로 많이 알려져 있어요. 구상나무는 키가 작아 잎의 뻗어나감이
견고하고 중간 중간 여백이 있어 장식을 달기에 적합하지요.

그런데 한라산 고산지대의 명물인 구상나무숲이 사라지고 있어요.
한라산 해발 1,300m 이상 지역에 주로 분포하는 구상나무가 기온 상
승 등의 요인으로 인해 죽어가고 있답니다. 최근 15년간 약 32% 정도
의 구상나무가 고사되었다고 해요.

구상나무는 우리나라에 분포하는 대표적인 고산식물로서 기후변

화 지표종이랍니다. 국제자연보전연맹이 구상나무를 멸종위기종으로 분류하고 있듯이 기후변화에 의해 사라질 것이라고 예측하고 있지요.

한라산 구상나무숲 전경

구상나무 열매

사라져 가는 구상나무

II 장.

재미있는
생물다양성
이야기

식물도 춤을 추고
움직인다?

우리는 흔히 동물은 움직이고 식물은 움직이지 못한다고 알고 있지요. 그러나 식물도 햇빛, 온도, 자극, 소리 등에 반응하여 움직인답니다. 햇님을 따라 움직인다고 해서 이름 붙여진 해바라기가 대표적이지요. 식물은 햇빛을 받아 광합성을 해서 영양분을 만들어야 살아갈 수 있어요. 대부분의 식물은 햇빛이 비추는 쪽으로 자라는데, 이를 굴광성이라 하지요. 해바라기의 경우, 햇빛이 오른쪽에서 비추게 되면 생장호르몬은 왼쪽에 많이 생성돼요. 그 결과 생장호르몬이 많은 왼쪽이 더 빨리 자라서 오른쪽으로 휘게 된답니다. 물론 해바라기의 움직임은 아주 천천히 일어나기 때문에 우리 눈으로 보기에는 어렵지요.

한편, 음악 소리에 맞추어 춤을 추는 식물도 있답니다. 소리에 반응하여 춤추는 식물을 무초라고 해요. 세상에 춤을 추는 식물로 흔히 알

려진 지는 약 10년 정도 되지요. 무초는 춤추는 나무(Dancing tree 또는 Telegraph tree)라고 부르는 콩과 식물이에요. 원산지는 동남아시아이고 온실에서 2m 정도 자란다고 해요. 우리나라에서는 1m 정도만 자라지요. 무초는 온도 25~30℃, 습도 70%, 광선이 잘 드는 환경에서 춤을 잘 추며 노랫소리에 더 민감하게 반응한답니다.

무초가 소리에 반응을 하는 것은 팽압운동 때문이라고 해요. 팽압(turgor pressure)이란 삼투압에 의해 세포 구성요소가 세포벽에 가하는 압력을 말한답니다. 식물의 운동기관인 엽침과 그 밖의 운동 부위에

무초식물 출처: www.karnivores.com

무초 잎의 움직임 출처: Plant Electrophysiology 2012, pp. 85~12.

서 운동세포의 팽압 변화로 일어나는 운동을 팽압운동이라고 해요.
식물들은 팽압운동으로 수분을 순환시키지요. 이처럼 무초는 빛과 열
뿐만 아니라 외부의 엽침 접촉이나 소리로 발생하는 자극 때문에 팽
압 변화를 일으켜서 움직이게 되는 것이랍니다.

무초는 실내 정원을 꾸미는 데도 사용해요. 집에서 부모님과 같이
노래를 부르며 무초 잎의 움직임을 관찰하는 것은 어떨까요? 직접 눈
으로 보면 더 신기하겠죠?

곤충, 인간에게
과일을 선물해 주다

곤충은 흔히 파리나 모기처럼 사람을 귀찮게 하고, 여름밤 사람들의 집에 방문하여 고약한 냄새를 뿌리는 벌레라는 인식이 강하죠. 하지만 이런 곤충들도 사람들에게는 없어선 안 될 존재랍니다.

사과, 배 등의 과일은 벌이라는 곤충이 주는 선물이거든요. 물론 벌 중에는 성격이 사납고, 들에서 사람들에게 위협이 되는 말벌도 있지만, 꽃에 있는 꽃가루(식물이 번식할 수 있는 생식세포)를 다른 꽃으로 이동시켜 주는 꿀벌과 뒤영벌도 있지요. 꿀벌들의 이런 행동으로 우리는 과일을 먹을 수 있는 거예요.

쉽게 말하면 식물의 꽃가루가 수정되어야 씨앗이 생기는데, 이 씨앗이 나무가 되기 전에 땅에서 섭취하는 영양분이 있어요. 우리가 사과를 먹을 때 보면 제일 안쪽에 씨앗이 있지요? 우리가 먹는 사과는

작은주홍부전나비

벌꼬리박가시

금테줄배벌

풀색꽃무지

이 씨앗의 영양분이랍니다.

그럼 이쯤에서 한번 생각해 볼까요? 꿀벌들은 매일 아침부터 저녁까지 열심히 꿀을 채취하고 집으로 돌아가서 애벌레에게 그 꿀을 먹이지요. 그럼, 꿀벌과 애벌레는 어떤 관계일까요? 부모와 자식 관계일까요?

꿀벌의 엄마는 누구일까요? 애벌레의 엄마는 누구일까요? 둘 다 여

왕벌의 새끼들이죠. 한 무리의 벌 중에 알을 낳을 수 있는 건 오직 그 무리의 여왕벌밖에 없어요. 꿀벌이나 뒤영벌 무리의 일벌들은 자기 동생을 먹여 살리기 위해 하루 종일 일을 하는 셈이지요.

물론 벌들만 꽃에 있는 꿀을 먹는 건 아니에요. 나방에 속하는 일부 박각시, 나비, 딱정벌레 중 꽃무지 등의 곤충들도 꽃에 있는 꿀을 먹고, 이 꽃에서 저 꽃으로 옮겨 다니면서 꽃가루를 이동시켜 줘요.

그리고 이런 곤충들을 화분 매개 곤충이라 불러요. 식물들의 수분 (수술의 꽃가루가 암술에 옮겨 붙는 것)은 80%가 꿀벌에 의해 이루어져요. 그래서 꿀벌은 전 세계 사람들이 먹는 식량의 1/3에 영향을 끼치고, 꿀벌이 없어지면 인류의 식량이 많이 없어진다고 해요.

이런 고마운 곤충들 덕분에 우리가 과일을 먹을 수 있는 것이랍니다.

곤충의
자기방어
힘없는 작은 벌레가 살기 위한 전략

곤충은 우리가 알고 있는 것처럼 크기가 아주 작고 힘없는 벌레일 뿐이지요. 하지만 이런 작은 곤충들도 각자 자신을 방어하고, 삶을 유지하는 독특한 생활방식이 있답니다. 이것이 곤충의 생존 전략인데요. 크게 화학적 방어, 기생, 공생, 사회성 등으로 구분할 수 있어요.

화학적 방어는 몸속에 있는 화학물질을 이용해 자기를 위협하는 천적을 괴롭히는 방법이지요. 많은 곤충들은 '테르펜'이라는 화학물질을 몸속에 가지고 있는데, 이 물질은 포식자나 천적에 닿으면 화상이나 가려움을 일으켜요.

혹시 폭탄먼지벌레라고 들어보셨나요? 일명 방귀벌레라고도 하는 곤충인데, 몸속에 하이드로퀴논과 과산화수소라는 물질을 가지고 있어요. 폭탄먼지벌레는 자신이 위험하다고 생각되면, 이 두 물질을 합성해서 방귀를 뀌는데 순간온도가 103℃까지 올라가요. 우리가 라면을 끓일 때 물 온도인 100℃보다 조금 더 높죠. 만약 개구리가 이 폭탄면지벌레를 먹고, 폭탄면지벌레가 포식자 몸속에서 방귀를 뀐다면 어떻게 될까요? 상상해보세요.

기생은 다른 곤충이 노력한 상황을 자신의 것으로 만드는 행위랍니다. 기생벌, 기생파리 등 기생을 하는 곤충들은 순간의 기회에 강하고 다른 곤충들보다 작은 친구들이에요. 일부 벌은 혼자 생활하면서 땅굴을 파고 나비 애벌레나 메뚜기를 사냥한 후 땅굴로 힘들게 운반해 오며, 거기에 알을 낳아 번식을 해요. 그런데 누군가가 이 모습을 쳐다보고 있어요. 바로 기생파리예요. 기생파리는 벌이 땅굴을 막기 위

폭탄먼지벌레

해 돌멩이를 가져오는 순간 재빠르게 땅굴 입구에서 알을 낳아버려요. 기생파리는 벌보다 부화가 빠르기 때문에 금방 부화해서 벌의 알을 먼저 먹어버리고, 벌이 잡아다준 먹이를 먹고 천천히 자란답니다.

공생은 서로 도우면서 사는 걸 말해요. 대표적인 공생 관계로 진딧물과 개미가 있어요. 진딧물은 식물 줄기에 매달려 수액을 빨아먹을 때 무당벌레나 풀잠자리들이 와서 이들을 사냥하기 때문에 항상 생명의 위협을 느끼죠. 그래서 진딧물들은 자신의 몸에서 나오는 달달한 수액을 월급으로 주면서 경호원을 채용해요. 바로 개미랍니다. 개미들은 진딧물의 천적을 쫓아내고, 안전을 확보한 진딧물은 수액이라는 답례품을 개미에게 주는 것이지요.

등줄기생파리

사회성은 개미나 벌처럼 집을 짓고 가족이 서로 도우면서 생활하는 곤충들에게서 주로 나타나요. 공동으로 집을 짓고, 먹이를 구하며, 애벌레를 키우고 집을 지키는 특징이 있어요. 우리에게 꿀을 주는 꿀벌이나 뒤영벌은 애벌레를 위해 꿀을 모아오는데, 꿀벌의 천적인 말벌은 자신의 애벌레를 위해 꿀벌이나 뒤영벌의 애벌레를 사냥해요. 말벌이 꿀벌 집에 가서 애벌레를 달라고 하면, 꿀벌들이 줄까요? 당연히 말벌과 꿀벌의 싸움이 시작되지요. 일반적으로 말벌이 꿀벌보다 3배 이상 크기 때문에 말벌이 이기고, 꿀벌 무리는 큰 피해를 입거나 전멸을 당해요.

하지만 꿀벌도 말벌에 대항하는 방법이 있지요. 바로 말벌의 정찰병을 집 안으로 유인해서 포위해 버린답니다. 그리고 날갯짓을 하면서 주변 온도를 높여요. 벌은 열과 더위에 약한 곤충이거든요. 말벌은 46℃ 정도가 되면 생명이 위험하고 꿀벌은 50℃까지 버틸 수 있어요. 이런 방법의 단체 방어로 말벌 정찰병을 제거하면 꿀벌 집의 위치가 말벌들에게 알려지지 않아 안전을 확보하게 된답니다. 모든 생명체는 자기만의 독특한 생존전략을 갖고 있는 셈이지요.

바람을 이용하여
제주에 밀입국하는 곤충들

　　　　　　우리 주변에서 관찰되는 곤충들은 모두 토종일까요? 장마철이 끝난 7~8월에 습지가 아닌 곳에서도 무리 지어 날아다는 노란색 잠자리들을 본 적이 있을 거예요. 된장 색을 띠고 있어서 이름 지어진 된장잠자리인데요, 이 잠자리의 고향은 인도네시아랍니다. 몸 크기에 비해 뒷날개가 매우 크고, 몸도 가볍기 때문에 여름철 계절풍과 태풍 등 바람의 영향으로 제주도까지 날아온 거지요. 열대지방이 고향인 탓에 추위에 매우 약하여 우리나라의 겨울을 이겨 내지 못한다고 알려졌지만, 근래에는 제주도에서 알과 유충이 월동하여 어른벌레로 자라난다고 해요. 몰래 밀입국하여 제주에 정착한 곤충이지요.

　나비들 중에서도 인도, 동남아시아, 호주 북부, 중국 남부 등 열대지방에 살고 있는 무늬박이제비나비, 중국은줄표범나비, 남색남방공작

나비, 남방공작나비, 암붉은오색나비, 남방오색나비, 먹나비, 큰먹나비 등이 제주도에서 채집되고 있는데, 이런 나비들은 태풍이 지나간 다음에 주로 나타나지요.

　반면, 제주가 고향이지만 멀리 육지부로 여행을 가는 곤충들도 있답니다. 바로 왕나비예요. 왕나비는 국내에서는 제주도 한라산에서만 살며 엉겅퀴, 큰까치수영 등의 꽃에서 꿀을 먹지만 근래에는 남해를 건너 태백산맥을 따라 전국 각지로 이동하고 있답니다.

왕나비　　　　　　　　　　　　된장잠자리

암붉은오색나비　　　　　　　　암붉은오색나비

최고의 사냥꾼 사마귀가
귀뚜라미를 만나면

제주에 서식하는 곤충 중에 최고의 사냥꾼은 누구일까요? 아마 왕사마귀일 거예요. 사마귀는 가시가 달린 강력한 앞다리라는 무기를 갖고 있지요. 이 왕사마귀 사냥다리에 잡히면 풍뎅이, 메뚜기, 나비 등의 곤충뿐만 아니라 줄장지뱀 같은 소형 척추동물들도 꼼짝없이 사냥을 당하고 말아요. 심지어는 사람의 피부에도 상처를 낼 만큼 강력하죠. 이렇게 강력한 무기를 가진 사마귀야말로 육상 곤충 중 최강자이지만, 다른 곤충을 만나면 이길 확률이 100%일까요?

사마귀는 풀숲에 살면서 지나가는 메뚜기나 귀뚜라미를 주로 사냥하는데, 가끔 실수를 해요. 사마귀는 강력한 앞다리를 가지고 있지만 머리와 턱이 상당히 작아요. 반면, 귀뚜라미는 특별한 무기는 없지만 몸에 비해 머리가 크기 때문에 턱도 잘 발달되어 있어요. 이 턱이 귀뚜라미의 유일한 무기가 될 수 있지요. 사마귀는 긴 다리로 사냥하기 때문에 멀리서부터 공격을 하는데, 사람들이 하는 복싱으로 따지면 아웃복서예요. 귀뚜라미는 턱으로만 물기 때문에 복싱에서 인파이터가 되는 거죠.

사마귀와 귀뚜라미가 싸울 때 사마귀가 멀리서 계속 때리고 귀뚜라미가 맞기만 하면 결국 귀뚜라미가 지겠죠? 하지만 가끔 사마귀가 때리다가 실수를 하기도 하지요. 이때가 귀뚜라미의 반격 기회랍니다. 사마귀는 몸 쪽으로 들어온 상대방을 때리지 못하기 때문에 가까이 다가온 귀뚜라미가 어퍼컷을 날려버리면 사마귀가 지게 되지요. 이렇듯 자연의 세계에서는 절대적인 것이 없답니다.

살기 위한
곤충의 위장술

　　　　　　　　곤충은 자연생태계에서 많은 동물들의 먹이가 되지요. 그렇기 때문에 포식자들에게 위협을 주기 위해서나 자신을 보호하기 위해 위장을 잘한답니다. 대표적인 위장의 대가는 대벌레예요. 대벌레는 느리고 자기를 지키는 무기도 없지만, 대나무처럼 길고 마디가 있어서 대나무 숲이나 한라산 조릿대 위에 앉아 있으

대벌레

수중다리꽃등에

면 전문가들도 쉽게 찾지 못하지요.

뱀눈박각시는 큰 동물의 눈동자처럼 생긴 뒷날개의 무늬로 자신을 보호해요. 작은 새들이 사냥하러 왔다가 그 무늬를 마주하면 깜짝 놀라서 도망을 가버리겠죠. 들판에 가보면 메뚜기 소리가 많이 들리지만, 쉽게 찾지는 못하는 경우가 있지요. 대부분의 메뚜기와 방아깨비도 풀밭에서는 초록색으로 위장을 하고, 땅으로 나가면 황토색으로 변하기 때문이에요. 바로 보호색이죠. 메뚜기는 주변 색깔과 비슷하게 몸 색깔을 바꾸면서 천적의 눈을 속여요.

봄철 유채꽃 밭에 가보면 꿀을 따는 벌들을 많이 보게 되는데, 사실 그중에는 파리도 많답니다. 바로 꽃등에라고 부르는 친구들이지요. 꽃등에는 파리에 속하는 곤충으로 날개가 1쌍밖에 없어요. 하지만 몸의 무늬는 꿀벌과 아주 유사하지요. 꿀벌처럼 보이려고 '의태' 행동을 하는 거랍니다. 다른 포식자가 보면 독침이 있을까 봐 꽃등에를 사냥할 수 없겠지요.

베짱이

노린재는
방귀대장일까요?

노린재 하면 뭐가 제일 먼저 떠오르나요? 아마도 지독한 냄새라고 생각할 수 있는데, 모든 노린재가 냄새가 나는 것은 아니에요. 연못에서 쉽게 보이는 소금쟁이도 노린재에 속하는 곤충이지만 냄새가 나지는 않지요.

제주도에는 620여 종의 노린재가 살고 있는데, 이 중에는 식물을 먹는 노린재도 있고, 작은 동물을 잡아먹는 노린재도 있어요. 노린재의 입은 마치 매미처럼 빨대 모양으로 되어 있는데, 모든 노린재는 이 빨대 모양의 주둥이를 먹잇감에 찔러 넣어 먹어요. 주둥이를 먹이에 찔러 넣어 '퉤퉤퉤퉤', 침을 뱉어 버리지요. 바로 먹이분해효소란 물질을 주입하는 거예요. 먹이분해효소가 들어가면 식물이나 동물의 세포는 녹아버리는데, 노린재들이 그것을 빨아 먹지요.

노린재 중에 가장 큰 놈은 '물장군'인데, 물장군이 물속에서 개구리

개구리를 사냥하는 물장군   갈색날개노린재

를 잡아먹으면 개구리의 뼈와 껍데기밖에 남지 않아요.

　이런 노린재에게 사람이 쏘이면 어떻게 될까요? 우리가 벌이나 지네에게 물리면 독이 들어와서 부어오르고 따갑지만, 그 시간은 1시간 정도밖에 되지 않아요. 하지만 노린재에 쏘이면 먹이분해효소가 들어와서 쏘인 부분의 세포를 아주 천천히 녹여버리게 되지요. 벌처럼 아프지는 않지만 1주일에서 2주일 정도 잊을 만하면 따끔거리면서 무척 귀찮아요. 물론 씻을 수도 없으니 노린재를 만나면 손으로 만져서는 안 되겠지요.

제주를 사랑하신 나비박사
석주명 선생님을 아시나요?

석주명(石宙明, 1908~1950년) 선생님은 위대한 곤충학자이면서 박물학자였어요. 평양에서 태어난 선생님은 송도고등보통학교와 일본 가고시마 고등농림학교를 졸업한 후 귀국하여 함흥의 영생고등보통학교와 모교인 송도고등보통학교에서 교사로 지냈지요. 선생님은 우리나라 나비에 관한 70여 편의 논문을 발표하면서 세계적으로도 나비 연구에 위대한 업적을 남기셨어요.

석주명 선생님은 1931년 송도고등보통학교에 재직하고 있을 때 미국의 '앤드루즈 탐험대'의 일원인 모리스와 만나면서 제주도와 인연을 맺게 되지요. 1933년 하버드대학으로부터 재정 지원을 받아 국토 대순례 채집 여행 중 1936년 7월부터 9월까지 2개월 동안 제주도에 머물면서 다양한 나비류를 채집하여 연구하게 되었답니다.

제주도와의 두 번째 인연은 경성제국대학(서울대학교) 의학부 소속인 '생약연구소 제주시험장'(현 제주대학교부속 아열대연구소, 서귀포시 토평동)의 연구소장으로 부임하면서예요. 1943부터 1945년까지 2년 동안 선생님은 제주에 살면서 곤충류뿐만 아니라 제주도의 동물, 방언과 문화 등의 많은 자료들을 수집하였어요.

선생님은 제주도에 대해 수집한 많은 자료로 총 6권의 제주총서를 발간할 계획이었으나 3권밖에 내지 못하고 한국전쟁 때 돌아가셨어요. 서울신문사에서 낸 제1집 '제주도 방언집(1947)', 제2집 '제주도의 생명조사서(1949)', 제3집 '제주도문헌집(1949)'이 있고, 나머지 3권인 제4집 '제주도수필집(1968)', 제5집 '제주도곤충상(1970)', 제6집 '제주도자료집(1971)'은 훗날 동생이 유고집으로 출판하였답니다.

현재 제주의 곤충은 4,300여 종이 알려졌지만 1937년 석주명 선생님이 채집·기록한 57종과 682종은 그 당시로서는 아주 위대한 성과이며 제주도 곤충 연구의 시초라고 할 수 있지요.

혹시 석주명 선생님을 뵙고 싶다면 서귀포시 토평사거리에 선생님의 업적을 기리는 흉상이 있으니 한번 찾아가 보세요.

산호랑나비

배추흰나비

서귀포시 토평사거리에 위치한 석주명 선생님의 흉상

제주의 대표 해산물,
전복과 오분자기를 어떻게 구별할까요?

전복 해물탕을 먹을까? 오분자기 해물탕을 먹을까? 고민하는 경우가 종종 있지요. 그런데 여러분은 전복과 오분자기를 구별할 수 있나요? 이번에는 전복과 오분자기에 대해 공부해 볼까요?

전복과 오분자기는 전복류에 속하며 우리나라를 포함한 전 세계적으로 약 100여 종이 있답니다. 우리나라에는 가장 작은 종인 오분자기를 비롯하여 둥근전복(까막전복), 왕전복(말전복), 말전복(시볼트전복, 암전복), 북방전복(참전복) 등 5종이 살고 있지요. 이 중에서 오분자기, 둥근전복, 왕전복, 말전복은 겨울철 수온이 12℃ 이하로 내려가지 않는 남쪽 지역인 제주도 연안에 주로 서식하고 있어요.

전복 패각(껍데기)의 색깔은 왜 초록색과 갈색 두 가지일까요? 전복 패각의 색깔은 전복이 뭘 먹느냐에 따라 결정돼요. 양식장에서 미역

전복과 오분자기

과 다시마와 같은 해조류만 먹고 자란 전복은 초록색이고, 자연에서
미역, 다시마와 같은 해조류는 물론 암반에 붙어있는 규조류 등을 먹
고 자란 전복은 갈색의 패각을 갖는답니다. 양식한 전복의 껍데기는
초록색이고, 자연산 전복은 갈색인 셈이지요.

　이러한 패각의 색깔은 한번 형성되면 평생 그 색을 유지하게 돼요.
전복을 양식장에서 어느 정도 키운 다음 바다로 방류하는 경우, 양식
장에서 자랄 때 생긴 초록색 부분은 그대로 유지되고, 바다에서 자라
면서 생기는 갈색 부분은 그 옆으로 추가적으로 자라게 돼요. 그래서

자연산 전복을 채취하더라도 양식한 것이지 아닌지를 구분할 수 있지요. 물론, 오분자기도 전복과 똑같이 패각의 색깔이 결정된답니다.

전복은 암수 구별을 어떻게 할까요? 전복은 암수딴몸(자웅이주)으로 되어 있지요. 우리가 전복을 먹을 때 흔히 똥이라고 부르는 전복 게우를 본 적이 있을 거예요. 전복 게우의 색을 보면 암수 구별이 가능한데, 색깔이 초록색이면 암컷이고, 연노란색이면 수컷이에요. 흔히 똥이라고 하여 먹지 않으려고 하는데, 게우는 똥이 아니고 전복의 생식낭이에요. 쉽게 말하면 알주머니인 셈인데 영양이 아주 풍부하답니다.

그럼, 전복과 오분자기는 어떻게 구분할까요? 전복과 오분자기는 서로 사촌지간이라 할 수 있어요. 오분자기는 그 사촌인 전복들 중에서 가장 크기가 작은 종으로, 흔히 새끼전복으로 알고 있는 사람들도 많지요. 그러나 전복과 오분자기는 분명히 다른 종이랍니다. 우선 크기도 차이가 있지만 모양도 달라요. 전복 패각(껍데기)에는 출수공이라고 하는 구멍이 있는데 이 구멍의 숫자를 보면 전복과 오분자기의 차이가 확실히 구분돼요. 전복에는 4~6개의 출수공이 약간 바깥쪽으로 돌출되어 있는데, 오분자기에는 6~9개의 구멍이 있고 평평하게 되어 있답니다.

오늘 저녁, 맛있는 해물탕을 먹으면서 전복과 오분자기를 구별해 보는 건 어떨까요.

자연산 전복

양식산 전복

제주바다에 나타난 파란고리문어,
엄청 무섭다고 하는데!

최근 들어 여름철 제주바다에 자주 비상이 걸리지요. 파란고리문어라는 녀석이 갑자기 제주바다에 나타났기 때문이에요. 제주바다를 떠들썩하게 만드는 파란고리문어는 도대체 어떤 녀석일까요?

파란고리문어는 아열대성 문어로 '테트로도톡신(tetrodotoxin)'이라는 맹독을 가지고 있답니다. 이 테트로도톡신은 복어독으로 많이 알려져 있는데, 성인이 1mg의 소량만 먹어도 사망하게 될 정도로 독성이 매우 강하답니다.

이런 무시무시한 파란고리문어는 호주, 필리핀 등의 따뜻한 아열대 지역에 주로 서식하고 있는데, 이제는 제주도까지도 이동한 것이지요.

파란고리문어는 얕은 바닷속 해조류 사이에서 생활해요. 몸 크기는 10cm 내외로 성인 손바닥만큼 작고 몸통과 다리에 빛이 나는 파란색

파란고리문어

고리 모양의 무늬가 나 있는 것이 특징이지요. 작고 반짝이는 외모 덕분에 매우 귀엽게 생겼지만, 실제로는 매우 강한 독성을 가지고 있기 때문에 함부로 만지면 안 되는 문어예요. 해수욕장에 갈 때 조심해야겠지요.

우도 서빈백사 해수욕장의
알갱이는 동물? 식물?

제주도 동쪽에 위치한 우도에는 에메랄드 빛을 내는 산호해변이 있답니다. 바로 서빈백사 해수욕장이에요. 이 해수욕장의 작은 알갱이(모래)는 제주도의 다른 해수욕장의 것들과는 달라요. 대부분의 해수욕장은 모래 알갱이로 이루어졌지만, 서빈백사의 것은 모래도 아니고 산호도 아닌 '홍조단괴'라고 하는 석회조류가 부서져서 생성된 것이지요. 우리나라에도 홍조단괴가 여러 군데서 발견되지만 우도의 서빈백사처럼 대량으로 홍조단괴로만 해변을 이루는 지역은 이곳뿐이에요. 전 세계적으로도 드물게 나타나는 현상이지요.

홍조단괴라고 하는 석회조류는 김, 우뭇가사리와 같이 홍조류에 속하는 혹돌잎(학명: *Lithophyllum okamurae*)이라고 하는 해조류랍니다. 마디가 없어 무절석회조류라고도 하는데, 이 해조류는 물속의 탄산칼슘

(CaCO₃)을 체내에 흡수하여 자신의 몸에 축적하면서 분홍색의 돌멩이처럼 성장을 해요. 이런 석회조류가 죽게 되면 햇볕에 의하여 하얗게 탈색되는데, 우도 서빈백사는 이렇게 탈색된 석회조류가 부서져서 퇴적된 곳이지요. 이곳은 2004년 4월에 천연기념물 제438호로 지정되었답니다.

우도 서빈백사

살아 있는 홍조단괴

서빈백사 앞 바닷속

여름잠을 자는
홍해삼

홍해삼은 겨울철 제주바다에서 나오는 극
피동물의 하나인데, 여러 가지 재미있는 특징을 갖고 있답니다. 그중
하나가 아주 뛰어난 재생 능력이지요. 홍해삼의 표피를 칼로 도려내
고 약 보름 후에 확인하면 피부가 원래처럼 재생된답니다. 정말 신기
한 일이지요.

특히, 내장기관도 재생이 가능해요. 해삼은 적으로부터 자신을 보
호하기 위해 다른 포식자의 공격이 시작되면 자신의 내장을 분비하여
포식자에게 먹이로 제공하고, 자신은 그 틈에 안전한 곳으로 피하지
요. 그 후에 다시 내장을 재생하게 된답니다.

제주에 많이 서식하는 홍해삼은 주로 수온이 찬 겨울철에 활동을 왕
성하게 해요. 즉, 10월 말부터 이듬해 5월경까지 활동을 하고 생식을
하지요. 해삼은 5월 이후부터 여름 동안은 활동을 하지 않아요. 이때

해삼은 내장을 끊어서 항문 밖으로 내보내고, 몸속의 수분도 밖으로 내보내서 평소 크기의 약 30%까지 작아지게 한 다음 모래 속에 파묻혀 여름을 나요. 여름잠을 자는 셈이지요. 곰처럼 겨울잠을 자기 위해 가을에 최대한 많이 먹고 지방을 충분히 축적하는 것과는 완전히 다른 방법으로 여름잠을 자는 거예요.

홍해삼

물고기 중에는 수컷에서 암컷으로, 암컷에서 수컷으로 바뀌는 것도 있답니다

　　　　　　　바닷물고기 중에는 성전환을 하는 물고기가 있답니다. 그 전환 방식에는 어릴 때 수컷이지만 커가면서 암컷으로 전환되는 웅성선숙형이 있고, 이와 반대로 어릴 때 암컷이었다가 커가면서 수컷으로 전환되는 자성선숙형이 있지요.

　　수컷으로 태어나서 암컷으로 바뀌는 물고기로는 우리가 흔히 '니모'

자바리(다금바리)

라고 말하는 흰동가리가 대표적이에요. 흰동가리는 태어날 때는 수컷이었다가 번식이 가능한 암컷이 죽으면 수컷이 암컷으로 변화하게 되는데, 한번 암컷으로 변화하게 되면 다시 수컷으로 되돌아가지는 못하지요. 이런 성전환방식을 하는 종으로는 곰치, 감성돔, 양태 등이 있어요.

그리고 암컷이었다가 커가면서 수컷으로 전환되는 물고기로는 제주도 최고의 횟감이라고 하는 자바리(다금바리)가 대표적이지요. 자바리는 태어나서 대부분의 시간을 암컷으로 지내게 되지만, 최고 우두머리 수컷이 죽게 되면 남아있던 암컷 중 한 마리가 수컷으로 변화하여 우두머리 역할을 하게 된답니다. 이러한 성전환방식을 하는 종으로는 용치놀래기, 혹돔, 능성어 등이 있지요.

바닷물고기의 세계는 정말 놀랍고 신비하죠?

흰동가리

곰치

사람들이 먹고 쓰는
미생물이란?

미생물은 아주 작은 존재로서 사람의 눈으로 볼 수 없을 정도로 작은 생물이에요.

마냥 작다고만 하면 실감이 안 나지요? 한 예로서 마당이나 텃밭의 흙을 한 숟가락 떴을 때, 그 흙 속에는 무려 1억 마리가 넘는 미생물이 존재한다고 해요. 땅속, 바닷속, 사람의 몸속, 우리가 먹는 음식, 우리

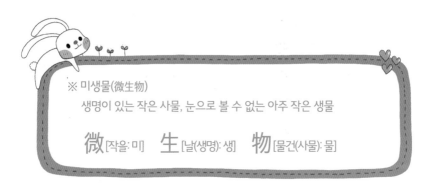

※ 미생물(微生物)
　생명이 있는 작은 사물, 눈으로 볼 수 없는 아주 작은 생물

微[작을: 미]　生[날(생명): 생]　物[물건(사물): 물]

미생물들은 음식을 만들 때도 필요해.

사람의 장 속에 사는 미생물은 음식물의 소화와 흡수를 돕기도해. 이 과정에서 만들어지는 게 바로 '방귀'야.

뿡

미생물은 자연을 끊임없이 순환시켜주지.

유용한 미생물

가 쓰고 있는 핸드폰, 볼펜 손잡이 등등 우리 주변 어디에나 미생물이 있고, 그 종류와 수는 현재의 과학기술로는 전부 셀 수 없을 정도랍니다. 이 정도면 우리 사람들이 미생물의 지배를 받고 있다고 해야 맞는 말인 것 같네요.

미생물은 우리가 먹는 음식물을 부패시켜 악취가 나게 하고, 나쁜 병의 원인균으로 작용해서 사람들을 아프게 하기도 하지만, 사람에게 유익한 미생물도 많아요. 고소하고 맛있는 빵, 새콤한 요구르트 또는 아삭아삭 맛있는 김치를 만들 때도 반드시 미생물이 필요하지요. 또한 우리가 먹은 밥이 배 속에 있을 때 소화를 도와주는 것도 미생물이랍니다.

아래의 미생물들은 대표적으로 좋은 미생물이에요.
꼭 읽어보세요~!

- 유산균(Lactic acid bacteria): 젖산균이라고도 해요. 김치, 된장, 요구르트, 치즈 등의 식품을 만들 때 꼭 필요하고 중요한 균이지요. 장 건강과 면역력에도 좋은 효능이 있다고 해요.

- 누룩균(Kojipilz): 청국장, 막걸리 등을 만들 때 발효를 담당해요. 코지산, 글루콘산 등의 유기산 그리고 아밀라아제, 셀룰라아제 등 다양한 효소를 만들어내는 유익한 미생물이에요.

- 효모(Yeast): 빵, 맥주 등을 만들 때 필요한 발효 미생물로서 그 어원은 그리스어로 '끓는다'라는 뜻을 갖고 있어요. 효모의 발효과정 중에 이산화탄소를 생성함으로써 뽀글뽀글 거품이 발생하는 데서 유래한 것이에요. 빵을 만들 때 반죽이 부풀어 오르는 것도, 맥주에서 거품이 나오는 것도 효모균의 발효특성 때문이랍니다.

- 초산균(Acetobacter): 알코올이 산화되면서 초산을 만들게 되는데요, 식초를 만들 때 작용하는 미생물이에요. 매콤새콤 쫄면을 먹을 때 식초가 없으면 안 되겠죠.

- 푸른곰팡이(Penicillium): 푸른곰팡이는 사람에게 해로운 종류의 미생물도 있지만, 노타툼(P.notatum)이나 크리소게눔(P.chrysogenum) 등은 페니실린이라는 항생물질을 만들어내어 의약품 등에 많이 활용되고 있는 유익한 균이에요.

● 방선균(Actinomyces): 곰팡이와 세균의 중간에 속하는 미생물이에요. 이 중 *Streptomyces* 종류의 방선균은 스트렙토마이신이라는 항생물질을 만들어내어 주로 의약분야에서 많이 이용되고 있어요.

● 유용미생물(EM: Effective Microorganisms): 흔히 EM이라고 부르죠. 자연계에 존재하는 많은 미생물 중 사람과 환경에 좋은 작용을 하는 미생물들을 섞어 놓은 것이라고 할 수 있는데요. 최근에는 집에서 쌀뜨물을 이용해서 간단하게 만들어 집 안에서 키우는 화분에 영양분으로 주기도 하고, 설거지나 청소할 때 쓰기도 한답니다. 만드는 방법도 어렵지 않으니 한번 만들어서 사용해보세요.

미생물은 사람에게 병을 일으키는 나쁜 생물로 생각할 수도 있지만, 우리에게 유익한 좋은 작용도 많이 하고 있답니다.

착한 미생물
EM 이야기

'EM', '유용미생물', 이런 단어들을 들어보 셨나요? 신문이나 TV에서 가끔 봤을 거예요. EM이란 유용미생물(EM: Effective Microorganisms)의 영어이름에서 앞 글자를 따서 만든 이름이에 요. 흔히 미생물을 병원균 또는 더 줄여 균이라 부르면서 나쁘게 생각 하는 사람들이 많지요. 그러나 미생물에는 좋은 미생물도 있고 나쁜 미생물도 있답니다. EM은 많은 미생물들 중에서 좋은 미생물(유용미생 물)들만 모아서 만들어진 미생물 집합체로서 사람에게 이롭게 쓰이고 있지요. EM은 일반적으로 효모, 유산균, 누룩균, 광합성세균, 방선균 등 자연계에 존재하는 많은 미생물 중에서 사람에게 유익한 미생물 수십 종을 조합, 배양한 것이에요.

EM이 왜 좋을까요? EM은 악취 제거, 수질 정화, 금속과 식품의 산 화 방지, 남은 음식물 발효 등에 탁월한 효과가 있는 것으로 알려져 있

집에서 EM 만들기

- EM 원액을 구입한다.(한 번만 사서 만들어두면 무한 이용 가능합니다. 미생물은 살아있는 생명체니까요.)
- 유리병이나 생수통에 쌀뜨물 1.5~2리터를 넣고, EM 원액은 소주 종이컵으로 1컵, 설탕 5숟가락, 소금 1숟가락 정도를 넣으세요.
- EM 미생물들이 잘 자랄 수 있도록 집 안의 따뜻한 곳에서 일주일 정도 발효시켜주면 끝!!!(미생물들이 자라는 동안 용기 안에서 가스가 발생하니 중간에 뚜껑을 열었다가 닫아주세요.)

답니다. 우리 주변에서 EM 사용 사례를 볼까요. 집에서 많이 사용하고 있는 주방세제를 이용하여 설거지한 물을 밖으로 배출하는 경우, 화학약품이 주원료인 주방세제는 분해도 늦게 되고 땅에 쌓이면서 자연을 오염시키는 주범이 되지요. 그런데 EM으로 설거지한 물은 밖으로 나가서도 좋은 미생물들이 남아 있기 때문에 나무, 풀, 꽃 등 식물체들의 생장을 돕기도 하고, 땅속 유기물들에게 좋은 먹이를 제공하는 등 유익한 활동을 통해 자연환경의 오염을 막아주게 된답니다.

EM은 집에서도 간단하게 만들 수 있으니 부모님과 함께 만들어 보아요. 직접 만든 EM을 화분에 뿌려주면 식물체가 튼튼하게 자랄 거예요. 또 설거지할 때, 화장실 청소할 때 사용하면 좋은 미생물이 깨끗하게, 반짝반짝하게 해줄 거예요. 화학약품 사용량을 줄여 건강에도 좋고, 환경에도 좋고 1석 2조인 셈이죠!

김치 없인 못 살아 정말 못 살아~
김치와 미생물

"만약에 김치가 없었더라면 무슨 맛으로 밥을 먹을까~♪ 김치 없인 못 살아 정말 못 살아~♬ 나는 나는 너를 못 잊어~♬"

부모님들은 이 노랫가락을 잘 알고 있지요. 우리 한국 사람들은 김치 없인 못 살 정도로 김치를 엄청 좋아하죠. 배추김치, 깍두기, 백김치, 파김치 등 김치는 오랜 기간 동안 우리들의 밥상을 채워준 소중한 음식이에요. 요즘은 외국 사람들도 우리 김치의 매력에 흠뻑 빠져 있지요.

김치는 맛도 맛이지만 건강에 좋은 음식으로 유명한데요. 그 이유는 바로 김치 속에서 살고 있는 미생물들, 유산균(젖산균) 때문이랍니다. 많은 연구자들이 김치 유산균의 좋은 점에 대해 연구한 결과를 발표하였는데요. 유산균의 대표적인 효능! 김치로부터 직접 들어볼까요.

- 건강한 대변 보기! 김치가 책임지겠습니다!

　김치 유산균은 우리 몸의 장내에 있는 나쁜 균을 물리치고, 좋은 균의 능력을 높여줌으로써 변비를 예방해주는 등 장 운동을 활발하게 할 수 있도록 도움을 주는 역할을 해요. 대변 보기가 힘들 때는 김치를 많이 먹어주세요.

- 감기 물러가랏~! 김치가 책임지겠습니다!

　유산균을 통해 만들어지는 좋은 물질들은 우리의 몸속에서 면역 활성을 높여주어 각종 병 예방 및 감기 예방에 효과가 있어요.

- 아빠보다 키가 더 커질 거야~! 김치가 책임지겠습니다!

　유산균이 만들어내는 새콤한 맛은 입맛을 돋게 해줘 성장기 어린이들의 키를 쑥쑥 크게 해주는 데 많은 도움을 주기 때문에 김치를 잘 먹어줘야 해요.

　부모님과 함께 식사하는 자리에서 김치를 맛있게 잘 먹는 모습을 보여주세요. 부모님께서 큰 선물을 주실지도 몰라요. 맛도 최고, 건강에도 최고인 김치, 많이 사랑해주세요!

짝퉁 다금바리
찾아내는 방법

우리 주변에 있는 많은 횟집들에서 맛볼 수 있는 물고기 중 가장 비싼 물고기는 무엇일까요? 그건 바로 '다금바리'라고 불리는 물고기지요. 사실 우리가 '다금바리'라고 부르는 물고기의 진짜 이름은 바로 '자바리'예요. '다금바리'는 사실 전혀 다른 물고기의 이름인데 제주도에서는 '자바리'를 '다금바리'라고 부르고 있지요.

그런데 우리가 다금바리로 부르는 물고기, 즉 자바리와 모습이 비슷한 물고기가 하나 더 있다는 사실! 바로 능성어라는 물고기예요. 제주어로 구문쟁이라고 불리는 물고기랍니다.

이제 이 두 물고기를 구분하는 방법을 알려드릴 테니 잘 기억했다가 횟집에 갈 일이 있으면 수조를 들여다보면서 두 물고기를 구분할 수 있는지 도전해보기를 바라요.

다금바리

꼬리가 검고
가운데가 움푹 들어갔다

입꼬리가 좁은 삼각형
모양으로 뾰족하다

일정한 무늬가 없는 회갈색

자바리

입꼬리가 둥글다

호랑이 무늬(호피무늬)

꼬리 모양이 부채꼴이다

자바리와 다금바리는 엄연히 다른 물고기인데,
오랫동안 사람들은 자바리를 다금바리라고 불러왔어요.

아래 사진을 보면 두 물고기의 가장 큰 차이점은 바로 몸에 난 줄무늬예요. 자바리는 세로로 난 줄무늬가 불규칙하고 머리 쪽 줄무늬가 휘어져 있지요. 그런데 능성어는 몸에 난 줄무늬가 끊김 없이 일자로 내려오고 있답니다. 자바리나 능성어는 나이가 많을수록 줄무늬가 희미해져가기 때문에 줄무늬로 구분이 어려운 경우도 있어요.

그러면 겉모습으로 구분이 어려울 때는 어떤 방법으로 구분해야 할까요? 참 어려운 문제죠? 물고기에게 물어볼 수도 없고, 이를 어쩌면 좋을까요? 다행히도 해결 방법이 있답니다. 횟집에서 나오는 회 한 점만 있어도 되고, 지느러미 한 조각만 있어도 그 정체를 확인할 수 있는 아주 과학적인 방법이지요. 그건 바로 DNA를 이용한 구분법이에요.

모든 생물은 DNA를 가지고 있고, 이 DNA는 종마다 서로 다르기 때문에 두 물고기의 DNA를 비교해 보면 금방 알 수 있답니다. 두 물고기의 DNA를 추출해서 유전자 증폭기술을 이용해 그 결과를 비교해봤더니 두 물고기 사이의 차이점이 나타난다는 것을 알 수 있죠.

자바리

능성어

두 물고기의 생김새는 매우 비슷하지만 엄연히 다른 종이에요.
둘의 차이점이 무엇인지 잘 살펴보세요.

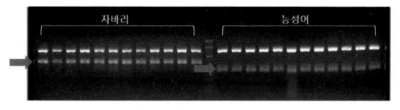

DNA를 이용한 자바리와 능성어의 구분

그림에서 붉은색 화살표로 표시된 부분이 자바리와 능성어의 DNA
의 차이 때문에 나타나는 결과예요. 붉은색 화살표로 표시된 흰색 띠
의 위치가 서로 다르죠? 이렇게 DNA 분석을 통해 쉽고 정확한 구분
이 가능해지는 거랍니다.

모슬포 앞바다의
방어와 부시리 구별하기

　　　　　　　　'겨울 방어, 여름 부시리'라는 말을 들어본 적이 있나요? 겨울엔 방어가 맛있고, 여름엔 부시리가 맛있다고 해서 만들어진 말이지요. 방어와 부시리는 맛이 좋아 횟감으로 매우 인기가 높답니다.

　그런데 이 두 물고기는 서로 생김새가 비슷해요. 구분법만 알면 쉽게 구분이 가능하지만, 이 방법을 모르면 정말 구분하기 어려울 정도로 둘이 쌍둥이처럼 닮아있지요. 이제 둘을 쉽게 구분할 수 있는 방법을 알려주도록 할게요.

　다음 그림을 보세요. 방어와 부시리를 구분할 수 있는 가장 결정적인 특징을 나타내주고 있는 그림이에요. 입꼬리 부분에 붉은색으로 표시해 놓은 부분을 보면 방어는 입꼬리가 뾰족하게 생겼고, 부시리는 둥그렇게 생겨서 이것만 보면 쉽게 구분을 할 수 있지요.

방어

입꼬리가 각져 있다

부시리

입꼬리가 둥그렇다

방어와 부시리의 생김새를 보고 구분이 가능한가요?
입꼬리 부분이 각이 진 것은 방어이고, 둥근 형태를 보이면 부시리라고 구분해요.

그리고 방어와 부시리는 서로 종이 다르기 때문에 이 두 종이 가지고 있는 DNA도 서로 달라요. 앞에 보았던 다금바리(자바리)와 능성어의 경우와 마찬가지로 DNA로 구분할 수 있는 방법이 개발되어 있답니다.

아래의 그림을 한번 볼까요?

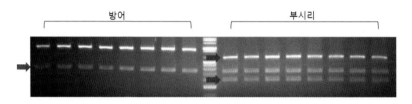

DNA를 이용한 방어와 부시리의 구분

위 그림에서 붉은색 화살표로 표시된 부분이 방어와 부시리의 DNA가 서로 다르기 때문에 나타나는 결과예요. 그리고 흰색 띠가 방어는 2개, 부시리는 3개로 나타났지요? 이렇게 확실히 다르기 때문에 DNA로 두 종을 구분하기는 어렵지 않답니다.

임금님도 드셨다는 제주산 옥돔과
가짜 옥돔 구별하기

제주도의 제사상에 꼭 올라간다는 생선이 있어요. 바로 옥돔이지요. 제주도 주변 바다에서 많이 잡히는 옥돔은 맛도 뛰어나서 옥돔구이, 옥돔미역국, 옥돔물회 등 여러 가지 음식 재료로도 인기가 높아요. 그런데 옥돔이 인기가 높다 보니 옥돔과 비슷하게 생긴 다른 물고기가 옥돔이라는 이름으로 시장에서 팔리고 있다고 해요. 그 물고기의 이름은 바로 '옥두어'. 옥돔과 사촌지간인 옥두어는 '중국산 옥돔' 또는 '백옥돔'이라고도 불리며 옥돔과 함께 시장에서 팔리고 있다고 해요. 그럼 두 물고기의 사진을 보면서 어떤 점이 다른지 한번 찾아보도록 해요.

옥돔과 옥두어의 사진을 보며 두 물고기의 차이점을 찾을 수 있었나요? 옥돔과 옥두어는 몸에 나있는 무늬 때문에 구분이 가능해요. 옥돔은 몸통 중간 부분에 밝은 노란색 무늬가 보이고, 꼬리지느러미에

옥돔

몸 중앙에 밝은 노란색 무늬가 있다   노란색 줄무늬

옥두어

줄무늬가 없다   줄무늬가 없다

옥돔과 옥두어는 무엇을 보고 구분하면 될까요?
옥돔은 꼬리에 노란색 줄무늬가 지느러미 결을 따라 나있고,
옥두어는 줄무늬가 없어요.
몸 중앙 부분에 밝은 노란색 무늬가 보이면 옥돔이고, 안 보이면 옥두어예요.

노란 줄무늬가 있지만, 옥두어는 몸통 중간 부분의 밝은 노란색 무늬가 없고, 꼬리지느러미에도 노란 줄무늬가 없답니다. 그림에 차이점을 표시해 두었으니 잘 봐두었다가 시장에서 옥돔을 사야 할 일이 생기면 잘 관찰해보세요.

그럼 옥돔과 옥두어의 겉모습으로 도저히 알 수 없다면 어떻게 해야 할까요? 누가 꼬리를 잘라버렸다면? 몸통에 상처가 생겨 노란색 무늬를 확인할 수 없다면 어떻게 해야 구분이 될까요? 앞서 읽어보았던 다금바리, 방어의 경우에 어떻게 구분했었는지 생각나죠? 바로 옥돔과 옥두어도 DNA로 구분이 가능하답니다.

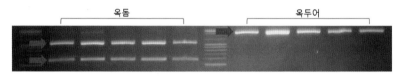

DNA를 이용한 옥돔과 옥두어의 구분

위 그림에서 붉은색 화살표로 표시된 부분을 보면 옥돔은 흰색 띠가 2개, 옥두어는 1개이지요? 두 물고기의 DNA가 서로 다르기 때문에 나타나는 결과랍니다. 이제 겉모습으로 구분이 어렵더라도 과학적인 방법으로 어떤 게 옥돔인지 어떤 게 옥두어인지 확실하게 알 수 있겠죠?

몸에 좋은 한약재인 백수오와
가짜 백수오 구별하기

한동안 백수오에 대한 뉴스가 대한민국을
뒤흔들었던 적이 있었는데, 어떤 이야기인지 아시나요? 어떤 식품회
사가 백수오라는 한약재를 가지고 몸에 좋은 건강식품을 개발했는데,
그 원료에 진짜 백수오가 아닌 가짜 백수오가 섞여있었다는 충격적인

| 백수오 잎 | 이엽우피소 잎 |

백수오는 잎 표면이 매끄럽지만, 이엽우피소는 잎 표면이 거칠어요.

백수오 뿌리

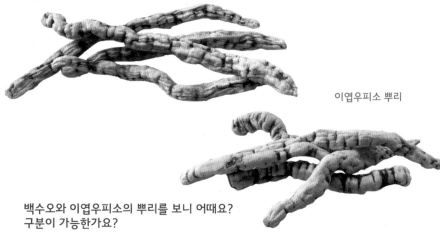
이엽우피소 뿌리

백수오와 이엽우피소의 뿌리를 보니 어때요?
구분이 가능한가요?

뉴스였지요. 뉴스가 전해지자 자기가 재배하던 백수오가 진짜인지 가짜인지 확인해 달라는 농민들의 요청이 수도 없이 생겨났었어요. 재배하던 백수오가 가짜라면 정말 큰일이잖아요 결국, 가짜 백수오를 재배하던 농민들은 물론이거니와 진짜 백수오를 재배해 오던 선량한 농민들까지 큰 피해를 입었던 사건이지요. 이 사건 이후 식품의약품안전처에서는 가짜 백수오를 사용하지 못하도록 진짜 백수오와 가짜 백수오를 구별하는 방법을 공개하여 식품 원료로 사용하기 전에 반드시 진짜인지 가짜인지를 검사하도록 하였답니다.

사진을 보면 백수오와 이엽우피소의 잎 모양이 매우 비슷하다는 것을 알 수 있는데, 이 둘을 구분할 수 있는 방법을 모른다면 또다시 가

짜 백수오 사건이 발생할 수 있을
지도 몰라요.

백수오와 이엽우피소는 잎 표
면이 매끄러운지 거친지에 따라
쉽게 구분이 가능하다고 해요. 그
런데 백수오나 이엽우피소는 뿌
리를 쓰는 한약재라 흔히 뿌리만

DNA를 이용한 백수오와 이엽우피소의 구분

유통되는데 뿌리의 모양을 보고는 구분이 쉽지 않지요.

뿌리 사진을 보세요. 정말 둘이 똑같죠? 뿌리는 정해진 모양이 없어
서 겉모습만 가지고는 어떤 게 진짜인지 알아내는 게 불가능하답니다.

그렇다면 뿌리로 판매되는 백수오를 진짜인지 가짜인지 구별하려
면 어떻게 해야 할까요? 우리나라 식품의약품안전처에서는 이러한
문제를 해결하기 위해 특별한 방법을 공개해 검사하도록 했어요. 그
건 바로 DNA를 이용하는 기술이었지요.

붉은색 화살표와 녹색 화살표로 표시된 흰색 띠가 서로 다른 위치
에 있죠? 백수오에서 나타나는 흰색 띠가 이엽우피소에서보다 약간
위쪽에서 나타나고 이엽우피소는 백수오보다 약간 아래에 흰색 띠가
나타나는 것으로 이 둘을 구분한다고 해요.

III 장.

생물다양성이 주는
선물 이야기

생물다양성의
경제적 가치는?

생물다양성은 인류에게 매우 중요한 가치를 갖고 있지요. 사람들은 오랜 기간 동안 다양한 생물종으로부터 식량, 옷, 주택재료, 의약품 등을 얻어 왔어요. 이렇듯 생물다양성은 인류와 아주 밀접한 관계를 갖고 있기에 생물다양성이 제공하는 경제적 가치를 제대로 이해하고 생물다양성을 소중히 보전해나가야 해요.

지구상의 수많은 생명체가 살아가는 생태계는 인류에게 매우 중요한 서비스를 제공한답니다. 즉, 물자서비스, 문화서비스, 부양서비스 및 조절서비스를 제공하지요. 이들 중 가장 중요한 것은 물자서비스로서, 식량, 물, 목재, 유전자원, 해산물 등을 모두 자연 생태계로부터 얻고 있지요. 약국에서 팔고 있는 모든 처방 약의 25%는 식물에서 추출된 거랍니다. 자연 생태계는 여가 활동, 정신적 풍요, 미적 경험 등의 문화서비스를 제공하고요.

생물다양성의 경제적 가치는 보는 관점 또는 접근성에 따라 달라지기 때문에 추정하기가 쉽지 않아요. 생태계를 구성하는 생물에는 가격표가 없으므로 얼마나 경제적 가치가 있는지 계산하기 힘들지요. 사람들은 가격이 없다고 생물다양성의 가치를 실감하지 못하는 것 같아요. 맑은 산소의 고마움을 모르고, 깨끗한 물이 만들어지는 것을 당연하다고 생각할 뿐이지요.

생물다양성의 경제적 가치 평가방법은 상당히 어려운데, Pimental 등이 제안한 평가방법을 대부분 이용한답니다. 즉, 생물다양성이 갖는 유기성 폐기물 처리, 비옥 토양의 형성, 질소 고정, 생물학적 정화,

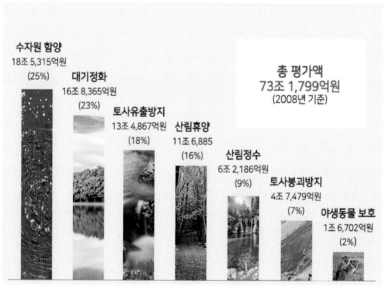

우리나라 생물다양성과 산림생태계 서비스의 경제적 가치(산림청, 2010)

유전자원 이용에 의한 작물가치, 유전자원 이용에 의한 가축의 가치, 생명공학, 해충의 생물학적 방제, 낚시, 수렵, 해산물 식품, 약생생물 식품, 목재 생산, 생태관광, 식물로부터 추출된 의약품, 화장품, 산림에서 방출되는 CO_2 등의 17개 항목에 대한 가치평가를 실시한 경우, 우리나라 생물다양성의 경제적 가치는 약 28조 4천억 원 정도랍니다. 엄청난 숫자지요.

한편, 우리나라 국립산림과학원에서는 산림 생태계 서비스의 경제 가치를 평가하였는데, 수자원 보유 서비스 18조 5,000억 원, 정수 서비스 6조 2,000억 원, 토사 유출 방지 서비스 13조 5,000억 원, 토사 붕괴 방지 서비스 4조 7,000억 원, 대기 정화 서비스 16조 8,000억 원 등 모두 73조 2,000억 원에 달하는 가치가 있다고 발표한 적이 있답니다.

제주도의 제비 10만 마리는 약 20억 원의 해충 구제 효과가 있다고 해요. 그리고 한라산국립공원의 총 경제적 가치를 4조 6171억 원으로 평가한 보고서도 있답니다. 정말 대단하지요.

생물다양성과
농업

생물다양성이란 특정 지역에 존재하는 유전자종 및 생태계 다양성의 총집합을 말한답니다. 그렇다면, 농업과 생물다양성은 어떠한 관계를 이룰까요? 농업은 우리가 매일 먹는 식량과 이를 생산하는 수단을 제공하는 생태계를 구성하고 있답니다. 이러한 농업생태계는 우리들의 눈에는 잘 띄지 않지만 똑같이 중요한 요소들도 공존해요. 무수한 토양 생물과 화분 매개자, 해충이나 병에 대한 천적 등이 농업생태계를 구성하고 조절하는 중요한 서비스를 제공하면서 동물, 새, 곤충, 식물 등 다양한 생물종들의 공존을 유지하여 생물다양성과 생태계를 풍부하게 만들어 주는 거죠.

그러나 많은 생물종들이 환경변화에 따라 지구상에서 사라져가고 있답니다. 전 세계 농경지 면적은 49,000,000㎢로 지구면적의 1/3에 해당해요. 기후변화와 무분별한 개발, 화학약제의 남용 및 외래종의 증가 등으로 농경지 및 농업생태계가 파괴되며, 또한 인근 습지나 하천, 삼림 생태계에도 직접적인 영향을 미치게 되어 생물다양성 감소의 문제를 가져오게 된답니다.

기후적인 변화와 병충해에 대한 저항성 부족 등으로 많은 수가 줄어들었지만 가장 큰 것은 농업적으로 중요한 생산성과 경제성만을 고려한 점도 무시할 수 없다고 해요. 예를 하나 들어볼까요. 우리가 먹는 노란색의 바나나는 종류가 무려 1,000여 가지가 있는데, 그중 '캐번디시'라는 품종이 대부분 식용이 되고 있지요. 그러나 '캐번디시' 품종이 나오기 전에는 '그로스 미셸'이라는 진한 맛과 달콤한 향으로 상품성이 우수한 품종이 있었답니다. 불행하게도 이 품종은 전염병인 파나마병으로 인해 고사되어 지구상에서 사라졌다고 해요. 그러나 다시 등장한 파나마병으로 인하여 캐번디시 또한 멸종위기에 처한다고 하네요. 왜 그럴까요? 그것은 생산성과 경제성만을 고려한 바나나의 단일 품종 생산이 가져온 악순환이라 할 수 있어요. 국제연합식량농업기구는 "유전적 다양성이 결여된 캐번디시 바나나가 20년 내에 사라질 수도 있다."라는 예측을 내놓았답니다. 아무리 우수한 유전자원일지라도 단일 복제 생산만을 고집할 경우 새로운 질병에 대해 적응할 수 없기 때문일 거예요. 바나나의 예를 통해 생물다양성을 보존하는 게 얼마나 중요한지 알 수 있겠죠?

농업과 생물다양성 보존의 중요성은 첫째로는 인간에게 식량이나 의복, 의약품 등 생활필수품의 원료로 이용되어 직접적으로 인간의 생활을 유지시켜주는 중요한 자원이라는 점이죠. 또한 둘째로 생태계의 순환구조를 통해 지구 자연환경의 평형을 유지하는 기능을 담당하고 있어 결과적으로 인간에게 쾌적한 삶의 터전인 지구를 유지시켜주는 역할까지 맡고 있답니다. 이처럼 인간과 자연의 공존을 통한 지구 자연자원 유지는 농업의 근간을 이루는 것으로 현재와 미래의 필수사항이라고 할 수 있답니다.

생물다양성과 에너지

에너지가 없다면 우리의 생활은 어떻게 될까요? 에너지는 무수히 많은 일들을 한답니다. 비행기, 배, 자동차를 움직이고, 컴퓨터를 하거나 텔레비전을 볼 수 있게 하지요. 이러한 에너지가 없으면 우리가 누리는 모든 혜택들이 없어질 거예요. 에너지가 없는 세상을 생각하면 정말 끔찍하겠지요.

우리가 사용하는 에너지는 주로 화석연료를 에너지로 바꾸어 사용하는 거예요. 화석에너지란 고대 생물들이 죽어 화석 단계를 거쳐서 우리가 쓸 수 있는 에너지 형태로 바뀐 것으로, 석유, 석탄, 천연가스 같은 지하 매장 자원을 말해요. 그런데 이런 화석에너지는 매장량에 한계가 있어 언젠가는 고갈되어 버린답니다. 또한 화석에너지는 사용되는 과정에서 공기를 더럽히고 기상이변을 일으키는 등 환경을 파괴하는 환경파괴원이 되죠. 그래서 과학자들은 환경을 파괴하지 않으면서, 안정적으로 사용할 수 있고 자연친화적인 에너지를 개발하고 있답니다. 아무리 써도 사라지지 않고 다시 쓸 수 있는 에너지를 재생에너지라고 해요. 이러한 에너지는 태양의 뜨거운 열을 이용해 전기를 만드는 태양열발전, 태양의 빛에너지를 이용한 태양광 발전, 바람을 이용한 풍력발전, 땅속의 열을 이용한 지열발전, 높은 곳에서 떨어지는 물의 힘을 전기로 바꾸는 수력발전, 밀물과 썰물이 일어나는 현상인 조력을 이용하여 전기를 만드는 조력발전이 있어요.

생물체에서도 우리가 쓸 수 있는 에너지를 생산할 수 있답니다. 이러한 에너지를 바이오에너지라고 해요. 바이오에너지는 화석에너지와는 달리 재생이 가능한 에너지라고도 하는데요, 바이오알코올과 바이오디젤이 있지요. 이러한 바이오에너지는 미래를 위한 대체에너지 자원이랍니다. 생물체의 생장이나 재배를 통하여 지속적으로 생산이 가능하고 고갈될 염려가 없지요. 그리고 이산화탄소의 증가를 억제하여 지구온난화 문제를 해결할 수 있고 화석에너지 기반의 소재들인 합성섬유, 산업용 플라스틱, 의약, 미용용품, 농업 등의 소재를 대체할 수 있답니다. 또한 자동차의 연료, 발전용 연료 등도 생산하지요.

다양한 생물로부터 바이오에너지를 만들 수 있어요. 유채, 대두, 팜, 동백나무, 자트로파 등의 식물로부터는 바이오디젤을 생산한답니다. 그리고 옥수수, 감자, 사탕수수, 밀, 참나무, 포플러 등의 식물로부터는 바이오에탄올을 생산하지요. 또한 미세조류들도 바이오에너지를 생산한다고 해요.

이처럼 다양한 생물들로부터 우리가 사용하는 에너지를 생산한다는 것이 놀랍지 않나요? 그런데 바이오에너지를 생산하는 것은 모두 태양으로부터 온 에너지라고 해요. 지구상의 생물들은 먹이로부터 에너지를 얻으며 살아가요. 또한 우리는 자연으로부터 얻은 에너지를 생활에 이용하지요. 이 모든 에너지는 한 가지 공통점이 있는데, 그것은 거의 모든 에너지가 태양으로부터 시작된다는 것이지요.

지구상의 다양한 생물을 보호하는 것도 에너지 문제를 해결하는 비결이랍니다. 풀이나 나무는 물론 자연에 사는 모든 동식물도 에너지 순환 고리를 이루고 있어, 자연이 파괴되면 거기에 사는 다양한 생물들도 사라지고, 그 생물들로부터 얻는 에너지도 사라지는 위험에 처하게 된답니다. 그러니 우리에게 많은 선물을 주는 자연을 보호하고 에너지를 아껴 쓴다면 우리의 미래도 밝아질 거예요.

바이오에너지를 생산할 수 있는 농업 자원

| 유채 | 대두 | 동백 열매 |
| 자트로파 | 옥수수 | 억새 |

기능성화장품,
뭐지?

김연아, 전지현, 태연, 소지섭…. 이 사람들의 공통점은 무엇일까요? 직업, 나이, 성별이 모두 다르고, 공통점이라고는 찾아볼 수 없는 사람들이지요. 다만 모두 TV 광고 모델로 활약하고 있는 스포츠 스타 또는 연예인들이에요. 어떤 광고일까요? 도대체 어떤 광고기에 각 분야의 최고 인사들이 앞다투어 광고 모델로 등장할까요? 바로 화장품 광고예요. 실제로 여자 연예인이 선호하는 광고 분야 1순위가 화장품 광고라고 하네요.

화장품 광고의 흐름을 자세히 살펴보면, 봄에는 밝고 화사하게 연출할 수 있는 미백 기능성 화장품 광고가 많고, 여름에는 자외선으로부터 피부를 보호하는 자외선 차단제, 그리고 가을·겨울에는 건조한 날씨로 인해 발생하는 피부 주름을 개선하고 보습효과가 있는 화장품을 주로 광고하지요. 이처럼 광고에서 확인할 수 있듯이 화상품의 시

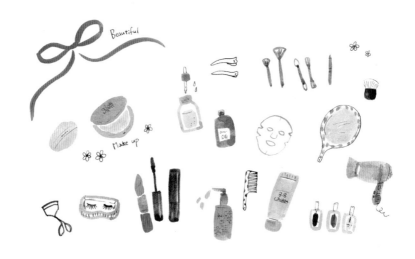

능성은 미백, 자외선 차단, 피부 주름 개선 이렇게 3가지로 나눌 수 있어요. 대한민국 식품의약품안전처(식약처)에서 법으로 규정한 기능성화장품의 조건이죠. 더 정확히 표현하자면 기능성화장품이란 ① 피부의 미백에 도움을 주는 제품, ② 피부의 주름 개선에 도움을 주는 제품, ③ 피부를 곱게 태워주거나 자외선으로부터 피부를 보호하는 데 도움을 주는 제품으로 정의하고 있답니다.

　사람의 피부는 주로 자외선에 의해 노화가 발생하지요. 피부색이 어두워지고 자글자글한 주름이 생기게 돼요. 따라서 피부의 노화를 예방하고 건강한 피부를 유지하기 위해 사람들은 자외선 차단제를 바르고 미백 화장품, 주름 개선 화장품 등의 기능성화장품을 사용하지요. 기능성화장품은 식약처에서 고시한 기능성원료를 사용하고 신고하면 누구나 판매할 수 있어요. 현재 식약처에서 고시한 원료 중 가장 유명한 미백 기능성 원료는 알부틴(Arbutin)이에요. 알부틴은 월귤나무 (_Vaccinium vitis-idaea_ var. _minus_ LODD)에서 발견되어 1900년 일본 시세이도 화장품회사에서 처음 미백화장품원료로 사용되었어요. 하지만 월귤나무는 일부 고산지대에서만 자라는 나무여서 알부틴을 많이 생산할 수 없었고 합성기술이 없는 우리나라는 전량 수입에 의존할 수밖에 없었어요. 필요는 발명의 어머니라고 했던가요? 2001년 국내 화장품 원료 기업에서 알부틴 생산 국산화에 성공하여 지금은 오히려 여러 나라로 수출하고 있답니다. 덕분에 미백화장품의 가격도 예전에 비해 많이 저렴해졌지요.

다음은 식약처에서 고시한 주름 개선 원료를 살펴볼까요? 아데노신 (Adenosine)은 아데닌(Adenine)과 리보스(Ribose) 성분이 결합한 물질이에요. 우리 몸과 더불어 대부분의 생물체에 소량 존재하여 신진대사를 조절하는 중요한 역할을 하고 있어요. 여러 과학자들에 의해 이 물질이 피부단백질 합성에 도움을 준다는 사실이 밝혀졌어요. 주름 개선에 효과가 우수하여 식약처에서 기능성화장품 원료로 지정했지요.

사실 피부 노화를 예방하기 위해서는 자외선 차단이 가장 중요한데요. 식약처에서 지정한 자외선 차단제는 크게 두 가지로 나눌 수 있어요. 하나는 물리적으로 자외선을 산란시키는 것이고 다른 하나는 화학적으로 자외선의 에너지를 낮추는 것이지요. 물질적 산란제로는 티타늄 옥사이드(Titanium dioxide), 징크 옥사이드(Zinc Oxide)가 주로 사용되는데, 피부에 노달하는 자외선을 산란시켜 자외선광을 감소시켜요.

피부에 안전하지만 백탁현상이 나타나기도 하지요. 화학적 흡수제는 옥틸메톡시신나메이트(Octyl methoxycinnamate), 옥토크릴렌(Octocrylene) 등이 있으며 주로 UV-B 영역의 에너지를 흡수하여 열이나 장파장 형태의 저에너지로 전환시켜 피부를 보호해요. 다만 피부에 대한 안전성 내지 안정성은 떨어져요. 자외선 차단용 화장품을 살펴보면 영어 기호 또는 '+' 기호가 등장하는데요. 혹시 어떤 의미인지 알고 있나요? 화장품에 표기되어 있는 SPF(Sun protection factor)는 기미와 주근깨를 유발하는 자외선 B 차단 정도를 의미해요. 우리나라의 경우 SPF 1을 약 15분간의 지속효과로 정의하죠. 예를 들어 SPF 40은 15분×40 =600분, 환산하면 10시간 동안 자외선 B 차단효과가 지속된다는 뜻이에요. 그리고 PA(Protection grade of UV A)는 주름과 피부 처짐의 원인인 자외선 A의 차단 정도를 나타내며 '+' 기호가 많을수록 차단효과가 높아요.

아름답고 건강한 피부를 유지하는 화장품, 이제는 나에게 필요한 기능성이 무엇인지, 그리고 어떤 성분이 포함되어 있는지 꼭! 확인하고 선택하세요.

건강기능식품
제대로 알기

몇 년 전 '가짜 백수오' 사건으로 수난을 겪은 건강기능식품이 아이러니하게도 중동호흡기증후군(메르스)의 확산으로 인해 다시 인기를 끌었던 적이 있답니다. 홍삼 제품과 같은 면역력 향상에 도움을 주는 건강기능식품들이 불티나게 팔린 것이지요. 여기서 말하는 건강기능식품에 대해 공부해 볼까요.

우리 국민 10명 중 4명 이상이 비타민 또는 건강기능식품 등 영양보충제를 섭취한다고 해요. 어르신은 젊음과 활력을 유지하기 위해, 직장인은 피로회복을 위해, 청소년들은 영양보충을 위해 다양한 건강기능식품들을 먹고 있지요. 이러한 현상을 반영하듯 건강기능식품 산업은 매년 20% 이상 성장하고 있는데, 국내 시장규모는 2013년에 약 1조 8,000억 원이었고, 현재는 약 4조 원 이상 될 것으로 추정되고 있답니다.

　건강기능식품은 인체에 유용한 기능성을 가진 원료나 성분을 사용해 제조·가공한 식품으로 정의해요. 그러나 원료의 효능이나 제조 가공과정의 안전성이 불확실한 경우가 종종 발생하기도 해요. 가짜 백수오 사태가 대표적인 사례이지요.

　건강기능식품의 효능을 좌우하는 것은 함유된 원료의 기능성이에요. 이것의 기능성 인정 등급은 '질병발생 위험감소 기능', '생리활성 기능' 및 '영양소 기능' 등으로 구분하는데, 이 중 생리활성 기능은 다시 1~3등급으로 나누어요. 생리활성 기능 1등급은 특정 기능에 도움을 주는 것을 의미하고, 2등급은 도움을 줄 수 있는 물질이고, 3등급은 도움을 줄 수 있지만 임상시험이 미흡한 경우에 해당되지요. 현재, 식품의약품안전처에서 허가되어 판매되는 건강기능식품은 약 230여 종이 있는데, 이것들 중 질병발생 위험감소 기능은 칼슘, 비타민D, 자일리톨 등 3종, 생리활성 기능 1등급은 글루코사민 등 7종뿐이고, 우리가 즐겨 먹는 홍삼, 오메가-3 지방산, 유산균 등 대부분의 건강기능식품은 생리활성 기능 2~3등급에 해당해요. 따라서, 건강기능식품을 구입할 땐 자신의 몸에 도움이 되는지를 꼼꼼하게 따져봐야 할 뿐만 아니라 효능을 부풀리는 허위·과대광고에 빠져서는 안 돼요. 또한 식약처로부터 인정받은 건강기능식품에 대한 문구와 인증마크를 꼭 확인해야 해요.

건강기능식품 모바일 웹(http://m.foodnara.go.kr/hfoodi)을 이용하여 구입 제품의 정보를 확인하는 습관도 꼭 필요하지요.

건강기능식품   표시광고 심의필   우수건강기능식품세소기순

사람을 살리는
약이 되는 생물들

환절기에 찾아오는 불청객, 감기! 감기에 걸리면 콧물도 훌쩍훌쩍~ 머리도 지끈지끈, 목도 따끔따끔해서 며칠 고생을 하게 되지요. 감기 증세가 가벼울 때는 집에서 생강, 대파 뿌리, 진피 등을 물에 넣고 끓여 한 대접 마시고 푹 자면 몸이 한결 가벼워진 것을 느낄 수 있어요. 물론 가정마다 레시피는 약간씩 다르겠지요. 그렇다면 서양 사람들은 감기에 걸리면 무엇을 먼저 먹을까요?

서양 사람들은 '에키네시아(Echinacea, 학명: *Chrysanthemum leucanthemum*)'라는 식물을 차로 달여 마시거나 에키네시아를 주원료로 하여 만든 약을 먹고 감기를 이겨내곤 한답니다. 에키네시아는 북미가 원산지이고 국화과 식물이에요. 국화과 식물이니 꽃도 무척 아름답지요. 예로부터 북미의 인디언들이 감기몸살, 각종 감염성 질병에 활용했다고 해요. 효과가 우수한 부위는 뿌리인데 예전에는 이것을 뿌리째 먹거

136

나 즙을 짜서 먹었다고 해요. 지금은 누구나 쉽게 복용할 수 있도록 알약 또는 시럽 형태로 만들어져 있어서 약국에서 살 수 있어요. 사실 어떤 식물이든지 약으로 만들기 위해서는 그 효과를 과학적으로 입증해야 해요. 따라서 에키네시아도 많은 과학자들이 연구에 시간을 투자한 결과, 우리 몸의 면역력을 높여주고 각종 유해한 바이러스들의 성장을 억제하는 놀라운 효과가 있다는 사실을 발견했어요. 예쁜 생김새만큼 우리 몸의 건강에도 큰 도움을 주는 귀한 식물이에요.

감기가 가볍게 지나가면 좋으련만 심할 때는 급성폐렴, 급성축농증 등의 합병증이 발생하기도 하죠. 그럴 때는 병원 진료를 받고 각종 약들을 처방받아 복용하게 되지요. 혹시 어떤 약들을 먹고 있는지 자세히 살펴본 적 있나요? 사실 모두 영어로 되어 있어 읽어도 도대체 무

에키네시아

산세베리아

슨 성분인지 알 수 없는 경우가 대부분이지요. 하지만 이렇게 세균 감염에 의해 염증이 발생할 때는 세균을 죽이는 항생제가 꼭 처방돼요. 항생제가 개발된 역사는 아주 짧아요. 하지만 인류는 항상 지혜롭게 자연을 활용하고 있었지요.

선태식물인 물이끼(Sphagnum Moss, 학명: *Sphagnum palustre* L.)는 지구에서 굉장히 오래 살았어요. 유럽의 옛사람들은 이것을 상처가 났을 때 상처를 보호하는 드레싱으로 사용했어요. 수분을 흡수하는 능력과 유지하는 능력이 뛰어나 상처에서 나오는 체액을 흡수하고 피부에 적당한 수분을 유지시켜 주었지요. 그리고 각종 세균으로부터 감염되어 상처가 덧나는 것을 막아주었어요. 그 원리는 잘 알 수 없었지만 1900

년대 영국군은 전투 시 응급 상황이 발생했을 때 물이끼를 이용해 상처를 지혈하여 많은 군인들이 목숨을 건졌어요. 현대 과학 분석 결과에 따르면 물이끼에는 페니실륨이 아주 풍부한 것으로 밝혀졌지요. 페니실륨은 1929년 알렉산더 플레밍이 푸른곰팡이에서 발견한 인류 최초의 항생제예요. 이렇게 눈에 잘 보이지 않는 작은 생물들이 인류의 목숨을 구하는 중요한 자원이 되었답니다.

사실 질병은 치료보다 중요한 것이 예방이라고 하죠. 감기를 예방하려면 항상 좋은 공기를 마셔야 해요. 환기가 어려운 겨울철이나 황사가 심한 봄에는 집 안 공기도 탁해지기 마련이에요. 공기가 탁해지면 자연스럽게 신체 면역력도 점점 떨어지게 되지요. 좋은 방법이 없을까요? 물론 지금은 공기청정기를 많이 쓰지만 관리가 까다로운 편이지요.

짜잔! 천연 공기청정기를 소개할게요. 물만 잘 주면 107가지가 넘는 각종 오염물질을 흡수하는, 전기가 필요 없는 공기청정기예요. 산세베리아(Mather in law's tongue, 학명:Sansevieria trifasciata)는 아프리카가 원산지이고 백합과에 속하는 식물이에요. 특히 새집이나 새 가구에서 발생하는 각종 유해물질인 벤젠, 트리클로로에틸렌, 포름알데히드를 포함한 독성이 높은 물질들을 정화시키는 탁월한 능력을 가지고 있어요. 100m² 공간은 다섯 장의 잎이 달린 산세베리아 화분 하나로 충분히 정화시킬 수 있어요. 쉽게 키울 수 있고 유지비도 적은 산세베리아 공기청정기, 하나 구입해보세요.

버드나무 껍질로 만든
해열 진통제 아스피린

아스피린이란 아스피린 약의 주성분인 아세트산(acetic acid)과 버드나무의 학명인 스피라이아(spiraea)의 합성어로, 버드나무 껍질에 있는 성분으로 만든 약이에요. 아스피린은 전 세계적으로 가장 많이 알려지고 사용되는 약으로서 통증을 가라앉히는 진통, 염증을 없애는 소염, 열을 내리는 해열의 세 가지 효과를 동시에 지닌 천연물에서 유래된 약이지요.

아스피린은 1897년에 개발되어 100년이 지난 지금도 사용되고 있는데, 버드나무 껍질의 주성분인 아세틸살리실산으로 만들어진 최초의 정제 의약품이기도 하답니다.

아스피린을 탄생하게 해준 버드나무의 효능은 기원전 1500년경부터 알려져서 사용되었다고 해요. 고대 이집트에서 작성된 의학 교과서에서 진통제 및 염증 치료제로 사용했다는 기록이 남아있답니다.

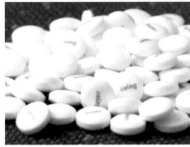

버드나무   아스피린

기원전 400년경 의학의 아버지라 불리는 히포크라테스도 천연 진통제인 버드나무를 이용하여 통증 환자들을 치료했다고 보고되고 있지요. 우리나라에서도 오래전부터 버드나무가 해열 및 진통제로 이용된 기록이 있어요. 우리 조상들은 버드나무 가지를 칫솔로 사용하여 치주질환을 치료하기도 하였으며, 중국에서도 버드나무를 고혈압, 신경통, 오십견, 치주질환 치료에 사용했다는 기록이 중약대사전에 남아있지요.

아스피린은 예전부터 진통과 소염 효능이 있는 버드나무 껍질 추출물을 정제해서 만들어진 약이라 효과는 입증되었지만 인체에서 어떠한 작용을 하는지 밝혀지지 않은 채 사용되었어요. 그러다 1971년 영국의 약리학자인 존 베인 교수에 의해 그 효능작용이 밝혀졌답니다. 존 베인 교수는 이 연구로 인해 1982년 노벨 의학-생리학상을 수상하기도 했지요.

상처 났을 때
병풀을 찾아볼까!

"새살이 솔솔~ 상처 치료엔 ○○○○~" 이 친숙한 광고에서는 어린아이가 넘어져 무릎에 상처가 생기면 엄마가 연고를 발라주어 상처가 말끔히 사라지는 장면을 보여주지요. 그리고 우리의 일상생활에서도 작은 상처가 나면 어김없이 연고를 먼저 찾게 되는데요. 과연 연고에는 어떠한 좋은 성분들이 포함되어 있길래 새살이 솔솔 돋도록 상처를 말끔히 치료해주는 것일까요?

우리 몸에 상처가 생겼다는 것은 나쁜 세균들이 우리 몸에 들어올 수 있다는 것을 의미해요. 우리의 피부는 이러한 나쁜 세균들의 침투를 막아주는 첫 번째 수비수예요. 피부에 상처가 나면 세균들이 쉽게 침투를 할 수 있다는 것이죠! 이때 발라주는 것이 연고랍니다. 연고는 세균에 맞서 싸울 수 있는 힘을 가진 항생제인 동시에 상처가 덧나지 않게 하고 상처 자리에 피부를 빨리 재생시켜주는 치료약이기도 해

요. 즉, 흉터가 생기지 말라고 발라주는 흉터 예방치료제이지요. 그렇다면 이렇게 탁월한 효능을 지닌 연고가 어떻게 탄생할 수 있었는지 알아보도록 하죠!

약국에서 약을 살 수 없었던 아주 오래전에는 산과 들판에서 자라는 많은 식물들 중에서 상처 치료에 탁월한 효과가 있는 식물들만 선별하여 약으로 썼답니다. 우리의 옛 선조들은 이렇게 자연으로부터 먹거리뿐만 아니라 아프면 치료할 수 있는 약을 얻기도 했어요. 이러한 약초 중에는 먹어서 약이 되고 상처 치유에 도움이 되는 식물도 있지만, 대부분은 상처가 난 피부에 빻은 약초를 올려두어 치료하는 식물들이 많아요.

그중에서도 '병풀'이라는 식물은 가장 대표적인 상처 치료제로 오랫동안 약으로 써 왔어요. 우리나라뿐만 아니라 인도양 연안에 있는 마다가스카르라는 섬에서는 아주 오래전부터 원주민들이 사냥을 하다 피부에 상처가 생기면 병풀을 빻아서 상처 부위에 발라 치료했다고 해요. 그리고 인도에서는 상처를 입은 호랑이가 무성한 숲 중에서 '병풀'이 있는 곳에서만 뒹구는 모습이 관찰되어 '호랑이풀'이라는 별명도 얻게 되었지요. 훗날 호랑이의 똑똑한 치료법으로 상처를 치료할 수 있는 병풀의 효능을 알게 되었다고 하네요. 또한, 대만에서는 열이 나는 어린아이에게 병풀로 만든 약을 쓰기도 한다니 여러모로 쓸모가 많은 식물이죠?

이렇게 탁월한 상처 치료 효과에 관심을 둔 많은 연구자들이 밤낮으로 연구한 결과, 병풀에 있는 마데카식산(연고 이름이 떠오르죠?)이란 성분이 피부 진정 효과를 나타내며 상처를 치료할 수 있다는 사실이 밝혀지면서 지금은 연고나 치약, 화장품 등 다양한 원료로 많이 쓰이고 있답니다.

상처를 치료하는 연고에 쓰일 만큼 항균 작용(균에 저항할 수 있는 능력)이 좋기 때문에 여드름 피부나 트러블이 잘 생기는 예민한 피부에도 병풀의 탁월한 효과를 볼 수 있고 피부의 재생을 도와 피부가 탄력적으로 변화하는 데에도 도움을 줄 수 있어요. 또한, 치아에 있는 세균을 제거해 주는 작용을 해서 치아를 튼튼하게 유지시켜 줄 수 있다고 하니 병풀을 치약 원료로 사용해도 아주 훌륭한 치약이 만들어질 것 같네요.

우리의 피부를 지켜주고 건강하게 유지시켜 줄 수 있는 병풀은 따뜻하고 습기가 많은 지역 어디에서든지 쉽게 찾아볼 수 있어요. 우리나라에서는 따뜻한 남쪽 섬인 제주도의 산과 들에서 흔히 볼 수 있지요. 상처를 덧나지 않게 해주는 연고의 주원료인 병풀의 생김새가 궁금하다면 날씨 좋은 날 나들이하면서 길가에 보이는 병풀을 찾아보는 것은 어떨까요? 여러분이 발견한 그 병풀이 아주 훌륭한 연고나 화장품으로 재탄생할 수 있을지도 몰라요.

길거리의 흔한 잡초들도
알고 쓰면 약

산과 들 또는 길거리 주변을 보면 어떤 식물인지 모르는 흔하면서도 골치 아픈 잡초들이 수없이 많지요. 이러한 잡초들은 전혀 다르게 생긴 것들도 있지만 서로 비슷하게 생긴 것도 있어 쉽게 눈에 들어오지는 않는답니다. 또한, 어느 특정 지역에서만 보이는 것들도 있는 반면 어느 지역을 가든 쉽게 보이는 흔한 잡초들도 있지요. 이것은 아마도 생태계에서 제일 약한 잡초들이 살아가기 위한 현상이라고 할 수 있어요. 즉, 먹이사슬에서 제일 아래에 있는 초식동물이 무리를 지어 생활하는 본능과 같이 약한 식물도 서로 색깔이나 형태를 유사하게 하여 무리 속에서 자신을 보호하려는 일종의 생존 본능이라 할 수 있답니다.

이런 각기 다른 잡초들은 자라면서 자기만의 종의 특성, 형태 및 생활환경, 자기보호 등에 따라 다양하게 변화하고 진화해요. 이는 식물

쇠비름

달맞이꽃

환삼덩굴

명아주

쑥

방가지똥

들마다 생태계에서 살아남기 위해 형태가 변화하거나 자신만의 독특한 물질들(호르몬 및 2차 대사물질 등)을 만들면서 진화했기 때문이지요. 그러므로 잡초들도 어떤 종인지 정확히 알고 나면 잡초가 아닌 유용한 식물로서 기능성 식품이나 의약품 또는 이와 관련된 제품을 만드는 데 이용될 수 있답니다.

농사를 짓는 경작지에서 재배되고 있는 식물(작물) 이외의 것은 모두 잡초라고 정의할 수 있지요. 예를 들어 무를 재배하고 있는 경작지에 산삼이 자라고 있다면 산삼은 잡초인 것이랍니다. 이렇듯 우리 주변을 잘 살펴보면 산삼의 효능까지는 아니지만 분명 우리 몸에 좋은 잡초들이 존재해요.

예를 들어 밭에서 흔하게 볼 수 있는 잡초인 쇠비름은 예로부터 이뇨작용, 부종 제거에 효능이 있다고 전해졌는데 최근 과학적인 연구를 통하여 항산화, 항염증, 고지혈증 개선, 면역력 개선 및 항균 효능이 뛰어나다는 사실이 밝혀졌어요. 산과 들에서 많이 보이는 달맞이꽃은 당뇨 및 아토피 개선, 항염증, 미백 및 주름 개선 등에 대한 연구가 이루어졌으며, 달맞이꽃 종자의 기름 성분 중 하나인 감마리놀렌산은 콜레스테롤 개선 및 혈행 개선에 효능이 있는 건강기능식품 원료로 사용되고 있지요. 이 밖에도 환삼덩굴, 명아주, 소리쟁이, 방가지똥, 무아재비, 쑥 등의 잡초들은 우리 몸을 건강하게 해주는 유용한 식물로서 사용되고 있답니다.

생물다양성과
제주 바이오산업

먼저, 바이오산업이 무엇인지 알아보도록 해요. 바이오산업이란 생명공학기술을 바탕으로 생물체가 가지고 있는 기능 및 정보를 활용하여 인류가 필요로 하는 유용한 물질을 생산하는 산업을 말한답니다. 또한 바이오산업의 범위는 생물의약, 생물화학, 바이오식품, 생물환경, 바이오에너지 및 자원, 생물전자, 생물공정 및 기기, 생물검정 등 8개 분야로 분류된답니다. 조금 어렵죠? 간단히 말하면, 바이오산업은 생물자원을 이용하여 사람에게 필요하고 사람을 이롭게 하는 것을 생산하는 산업이라고 할 수 있지요.

2024년 세계 바이오 시장은 2조 6천 100억 달러(약 3천 140조 원)에 달할 것이라는 전망도 있답니다. 깜짝 놀랄 일이지요. 반도체, 자동차, 화학제품 등의 예상 시장 규모를 합친 금액 (2조 5천 900억 달러)보다도 많다고 하네요.

젊음의 아름다움(Youthful Vigor)
천연물화장품 산업, 향기산업

쎄라피 산업
미용/성형산업
스포츠산업
건강기능식품

디자인산업
(향기디자인, 뷰티디자인)

젊음

청정
(Clean)

자연

건강

자연의 아름다움(Natural)
화훼, 원예, 종자, 청정생태환경보전

건강의 아름다움(Health)
의료/실버서비스/장기의식/재활치료
천연물의약

자연식품
와인산업

그럼, 지금부터는 제주도 바이오산업에 대해 살펴볼게요.

제주특별자치도에서는 제주지역의 생물다양성자원을 활용하여 산업화가 가능한 분야, 1차 및 3차 산업과 연계성이 높은 분야, 제주 청정 이미지와 부합되는 분야 및 미래 성장 가능성이 높은 분야에 기준을 두어 특화바이오산업을 선정했는데, 건강하고 아름다움을 느끼게 하는 향장품, 기능성식품 및 종자산업을 묶어 '건강뷰티 생물산업 (Health & Beauty Bio-Industry)'이라고 이름을 지었답니다.

넓은 의미에서 제주 건강뷰티 생물산업의 규모는 2013년 기준으로 기업체 수 372개, 종사자 수 4,597명, 매출액 9,643억 원에 이르고 있답니다.

특히, 최근에는 제주 화장품 산업이 급성장하고 있는데, 2004년 8개 사에 불과하던 화장품 관련 기업체 수가 2015년 기준 식품의약품안 전처에 등록된 기업체 수는 87개에 이르고, 기업체 매출액도 2,600억 원 규모로 성장하고 있답니다.

이제부터는 제주 건강뷰티 생물산업 클러스터 현황을 살펴보도록 할게요.

제주시 지역은 아라동 일원에 제주테크노파크 바이오융합센터, 제 주첨단과학기술단지, 제주대학교, 제주국제대학교 등과 제주시 중앙 로에 위치한 제주테크노파크 본부동이 연계하는 건강뷰티 생물산업

제주 건강뷰티 생물산업의 규모

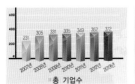
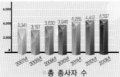
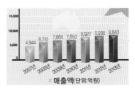

자료출처: 제주 바이오산업 실태조사보고서(JTP)

제주테크노파크 바이오융합센터와 화장품공장

자료출처: JTP 자료

클러스터를 형성하고 있답니다. 제주테크노파크 바이오융합센터는 연구형 기업지원센터(5,684㎡)와 중견 바이오 기업체에게 생산임대 공간을 제공하는 기업지원동(7,426㎡)으로 구성되어 있으며, 제주도가 지원하는 CGMP 제주화장품공장(1,188㎡)을 구축하여 향장품산업 육성 기반을 확보하고 있지요. 바이오융합센터에는 40여 개 기업체가 입주하여 생산 활동을 하고 있답니다.

제주시 영평동 일원에 조성된 제주첨단과학기술단지(1,098,878㎡)에는 BT, IT 관련 기업들이 공장을 설립하고 있는데, 생물산업 관련 기업체는 ㈜BMI 등 10개가 있어요. 제주국제자유도시개발센터의 기업보육동인 스마트빌딩에도 20개 업체가 입주하고 있답니다. 제주대학교 기술혁신센터 역시 GMP식품공장과 10여 개의 입주업체 공간을

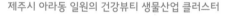

제주시 아라동 일원의 건강뷰티 생물산업 클러스터

자료출처: 제주도 지역산업발전계획

구축하고 있지요.

제주시 동부지역에는 지하염수인 용암해수를 활용해 식품, 기능성 음료, 화장품 등을 만드는 용암해수산업단지(197,341㎡)가 조성되었는데, 산업시설 용지에는 ㈜제이크레이션 등 8개 기업체가 용암해수 활용 공장을 구축하고 있어요. 지원시설 용지에는 제주테크노파크 용암해수산업화지원센터(2,011㎡)가 건축되어 입주공간을 제공하고 용암해수의 산업적 활용을 위한 연구 및 제품개발과 홍보 등의 기업지원 사업을 추진하고 있어요. 용암해수산업화지원센터에는 해수담수화장비(역삼투압 장비)와 전기투석장치 등을 구축하여 육상에서 용암해수를 취수, 가공하여 기업체에게 공급하고 있지요.

서부지역은 농업기술원 농산물 원종장을 중심으로 농업바이오(씨감자 생산), 한방약초 재배 및 가공 등과 같은 종자산업 육성의 인프라를 구축하고 있답니다. 석창포, 백년초 등의 한약자원을 활용하여 재배, 가공 및 관광 연계 마케팅을 종합적으로 추진하는 6차형 산업 모델을 새롭게 추구하고 있고요.

서귀포시 남원읍 일원에는 제주테크노파크 생물종다양성연구소(4,567㎡), 제주개발공사 감귤가공 공장, 농촌진흥청 감귤연구소 등이 설립되어 지역 특산물인 감귤 및 특산작물 이용 산업체와 연계·협력 체계를 구축하고 있어요. 특히, 생물종다양성연구소는 자생식물, 해조류, 미생물 등에 대한 추출물 은행, 종자 은행, 유전자 은행을 구축하고 있을 뿐만 아니라 생물자원에 대한 생리활성 섬색, 안성성·유효

생물종다양성연구소

용암해수산업화지원센터

성 평가 등을 통해 기능성 소재를 개발함으로써 생물산업 기술혁신 인프라로 활용되고 있답니다.

서귀포시 서부지역에는 헬스케어타운(1,494,923㎡)이 조성되고 있는데, 헬스케어센터 등의 의료 및 연구시설, 장기요양 시설 등의 숙박시설, 재활훈련센터 등의 휴양문화시설이 구축되고 있으며, 중문관광단지와 연계하는 휴양형 항노화 클러스터를 추진하고 있지요. 특히, 바이오 과학 등을 연구·개발하는 의료 R&D 센터와 노화예방 및 생명연장 등을 연구하는 안티 에이징(Anti-Ageing) 센터가 구축될 예정이에요.

산업적으로 이용되고 있는
제주산 생물자원은?

제주지역은 생물의 북방과 남방 한계의 교차점으로, 한라산과 중산간 습지 및 해안지대의 미생물자원을 제외하고도 8,000여 종의 생물종다양성 자원을 가진 생물유전자원의 보고예요. 곤충자원을 포함한 동물자원은 4,800여 종, 육상식물 2,000여 종, 해조류 700여 종이 서식하는 것으로 알려져 있지요.

제주지역에서 생산되는 다양한 생물자원 중에서 산업적 활용가치가 높아 화장품, 식품 등의 소재로 폭넓게 활용되고 있는 주요 자원은 〈표1〉과 같아요.

한편, 기업체들이 제품화를 위하여 연구개발 중인 생물자원은 〈표2〉와 같이 350여 종에 이르고 있답니다.

최근에는, 제주산 천연자원 소재들이 화장품 원료로 각광받고 있는데, 2014년 기준 ICID(국제화장품원료집)에 등재된 원료는 470여 개에 이

표1. 주요 자원

구분		자원
식물	육상식물	감귤, 고사리, 국화, 녹차, 금귤, 당유자, 동백, 마늘, 메밀, 백년초, 살구, 섬오가피, 양파, 오미자, 유자, 유채, 이슬초, 감, 띠, 취나물, 파인애플, 포도, 화분, 한라봉, 한란, 허브류, 흑오미자, 울금, 석창포, 알로에, 월동무, 조릿대, 표고버섯, 구아바, 당근 등
	해상식물	모자반, 미역, 톳, 우뭇가사리, 감태 등
동물	육상동물	꿩, 말 등
	해상동물	갈치, 꽃멸치, 오분자기, 자리, 한치, 소라, 게 등
미생물(곤충 포함)		동충하초, 상황버섯, 영지버섯 등
기타		화산송이, 용암해수 등

자료출처: JTP

표2. 생물자원

구분		자원	종
식물	육상식물	메밀, 꾸지뽕나무, 보리, 녹차, 갈대, 개다래, 고사리, 동백열매, 들깨, 비파, 나무딸기, 시로미, 두릅, 병풀, 호장, 씀바귀, 복분자, 개망초, 좁은잎천선과, 복수초, 석창포, 허브류 등	300여 종
	해상식물	모자반, 미역, 톳, 우뭇가사리, 감태 등	44종
미생물		*Streptomyces, Actinomycetes* 등	

자료출처: JTP

르고 있지요.

화장품 원료로 사용되고 있는 대표적인 제주산 소재로는 항염, 항알러지 효과의 문주란, 보습과 항염 효과의 동백 오일, 피부 보습의 백년초 추출물, 피부 영양공급의 유채꿀, 항산화와 항염증의 구아바 추출물, 슬리핑 효과의 당유자 추출물, 미백과 보습, 항염증의 감태, 항산화 효과의 예덕나무, 항노화 효과의 시로미, 미백효과의 산뽕나무 등을 들 수 있답니다.

제주산 천연 화장품 원료

문주란

동백 열매

백년초

유채

구아바

감태

제주 생물자원을
이용하여 개발된 제품은?

석창포 등 약용자원 활용 제품

제주지역에서는 백수오, 백도라지, 석창포, 황금, 당귀, 독활, 우슬, 감국, 하수오 등의 약용자원이 생산되고 있으며, 이들 자원을 활용한 다양한 제품도 개발되고 있지요. 특히 석창포를 활용한 향장품(방향제, 마스크 팩, 코 패치, 갤파스 등), 백수오, 오가피를 이용한 제주 특산주, 우슬, 울금 등의 약용자원을 이용한 건강식품이 생산되고 있어요.

또한 제주특별자치도에서는 '불로초의 메카, 제주'를 구현하기 위하여 10대 약용작물(백수오, 백도라지, 방풍, 석창포, 반하, 황금, 우슬, 작약, 하수오, 백출)을 선정하여 한방바이오산업을 전략적으로 육성해 나가고 있답니다. 그래서 제주본초 브랜드 육성사업을 추진하였는데, 제주에서 생산되는 약초를 활용한 제품들의 마케팅을 위한 지역공동 브랜드로 '제주

제주 약용자원 제품의 공동브랜드 '제주본초'와 제품들

자료출처: JTP 자료

본초'가 출시되어 20개 업체에서 생산되는 40여 개 제품에 활용되고 있지요. 약용자원 활용 제품들의 매출규모는 2015년 기준 약 250억 원 규모에 이르고 있답니다.

까마귀쪽나무 열매 등 특용작물 활용 제품

다양한 특용자원(율초, 까마귀쪽나무, 산유자, 참식나무, 붉가시나무, 좁은잎천선과, 돈나무, 조릿대, 큰비쑥 등)에 대한 기능성 연구가 진행되었고, 관련 제품들이 생산되고 있어요.

특히 2015년에는 제주 육상 식물자원 중에서 최초로 까마귀쪽나무 열매가 골관절염 개선 건강기능식품 개별 원료로 인정되어 건강기능식품 생산의 기반을 확보했답니다. 생물종다양성연구소와 ㈜휴럼은 공동 연구개발 사업을 통해 까마귀쪽나무 열매를 대상으로 기능성 평

바이오산업 소재로 활용되는 특용자원

섬오갈피　제주조릿대　경단구슬모자반　백수오　제주석창포　감태

알로에　참다래　우뭇가사리　백도라지　손바닥선인장　울금

쇠무릎　환삼덩굴　참식나무　참그물바탕말　동백열매　비자나무

까마귀쪽나무　산유자　곰솔　문주란　황칠나무　넓미역

자료출처: JTP 자료

까마귀쪽나무 열매의 골관절염 개선 건강기능식품 개발

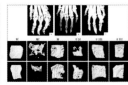

자료출처: JTP 자료

가, 지표성분(Hamabiwalactone B) 설정, 항염증 효능 규명, 안전성 시험, 인체적용시험 등을 거쳐 건강기능식품 개발인정 원료로 승인받은 것이지요. 이 기술은 기업체에 이전되어 관련 제품이 출시되기도 했답니다.

감태 등 해조류 자원 활용 제품

제주 바다에는 700여 종의 해조류가 서식하는 것으로 알려져 있어요. 톳, 모자반, 감태 등의 많은 해조류는 향토음식으로 이용되거나 양식업의 재료로 각광을 받고 있지요. 특히, 경단구슬모자반, 감태에

해조류 자원의 활용 현황

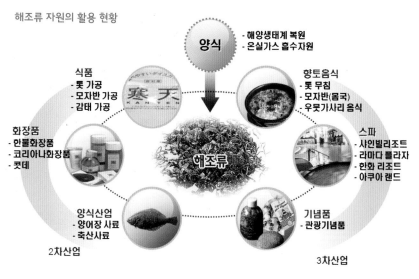

양식
- 해양생태계 복원
- 온실가스 흡수자원

식품
- 톳 가공
- 모자반 가공
- 감태 가공

화장품
- 한불화장품
- 코리아나화장품
- 콧데

양식산업
- 양어장 사료
- 축산사료

2차산업

향토음식
- 톳 무침
- 모자반(몸국)
- 우뭇가사리 음식

스파
- 샤인빌리조트
- 라마다 플라자
- 한화 리조트
- 아쿠아 랜드

기념품
- 관광기념품

3차산업

해조류

자료출처: JTP 자료

서 기능성물질이 발견되면서 식품 및 화장품 소재를 비롯하여 관광산업의 소재로서 인기가 높답니다.

항비만 효과를 보이는 경단구슬모자반, 함염증 효과를 갖고 있는 잔가시모자반, 넓미역, 참그물바탕말, 가시파래, 구멍갈파래 등에 대한 관심이 늘어나고 있지요.

제주바다 생태계를 건강하게 하는 해조류인 감태(Ecklonia Cava)는 씨놀(seanol)이라는 물질을 함유하고 있어서 인기가 대단해요. 씨놀은 바다를 뜻하는 sea와 항산화 성분을 의미하는 polyphenol의 합성어로서 제주 청정바다에서 자생하는 감태에서 추출한 해양 폴리페놀(Sea polyphenol)이에요. 또한, 제주의 특산물인 홍해삼 역시 피부세포 활성화 및 보습, 염증 개선 효과가 우수하여 화장품 소재로 각광받고 있지요.

비생물자원 활용 제품

스파, 의료, 건강,미용분야 　　소금, 간수 　　먹는 샘물

음료 　　식품 　　화장품 　　비료, 수경재배

비생물자원 활용 제품

제주도 동부지역 육지부의 지하 약 150m 부근에서 끌어올리는 지하염수인 용암해수는 바나듐, 셀레늄, 게르마늄과 같은 인체에 유용한 미네랄을 풍부하게 함유하고 있고 안전성이 검증되어 스파, 건강미용분야는 물론 먹는 샘물, 음료, 식품, 화장품 등 다양한 산업에 활용되고 있어요.

한편, 제주 화산송이는 미네랄 성분이 풍부하고 흡수, 흡착, 항균성, 원적외선, 음이온 방출량이 뛰어나 화장품 원료로 널리 이용되고 있지요. 화산송이 모공팩이 유명하답니다.

용암해수자원의 분포

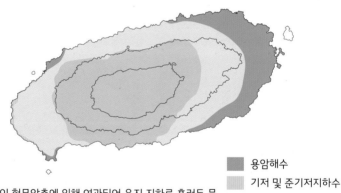

> 용암해수
>
> 기저 및 준기저지하수
>
> 상위지하수
>
> 준기저지하수

● 바닷물이 현무암층에 의해 여과되어 육지 지하로 흘러든 물
● 지하 70m 이상의 깊이에 대량으로 매장
● 마그네슘, 칼슘, 바나듐 등의 유용 미네랄 함유
● 병원균, 바이러스, 유해 화학물질 등으로부터 안전

자료출처: JTP, 제주도 지역산업발전계획

제주산 감태가
인기 짱이래요!

제주의 바닷속에는 다양한 해조류가 분포해요. 그중에 우리나라에서 주로 제주도에만 서식하는 감태에 대해 알아볼까요? 사실 감태는 우리 식탁에 올라오는 해조류는 아니에요. 하지만 감태가 가지고 있는 매력을 알게 된다면 제주바다에서 서식하는 해조류들이 새롭게 다가올 거예요.

감태(학명: *Ecklonia cava*)는 감태과에 속하는 해조류이며 하나의 뿌리에 여러 갈래의 두껍고 기다란 잎이 달려 있어요. 길이는 약 1m 정도랍니다. 감태는 먹을 수 있지만 실제로 먹지는 않아요. 떫은맛이 굉장히 강하기 때문이에요. 이 떫은맛의 원인은 Phlorotannin 성분이 감태에 풍부하게 존재하고 있기 때문이지요.

제주바다 생태계를 건강하게 하는 해조류인 감태는 해양 폴리페놀(sea polyphenol)이라는 물질을 함유하고 있어서 인기가 대단해요.

165

바닷속 감태

　감태에 대한 연구로는 항산화, 피부 미백 효과, 피부 주름 개선 효과, 혈중 지질 개선 효과, 뇌 혈관질환 개선 등 연구 논문만 150여 개에 이를 정도예요. 그리고 제주산 감태를 이용하여 건강기능식품도 활발히 개발 중이지요. 좋은 효과를 가지고 있지만 쉽게 섭취할 수 없는 감태를 간단히 먹을 수 있는 제품으로 만들고 이것을 식품의약품안전처의 승인을 받아 소비자에게 판매를 한답니다.

　건강기능식품으로 판매하고 있는 감태 제품의 주요 기능성은 혈중 지질개선 효과예요. 최근에는 감태의 새로운 기능성이 추가로 밝혀졌지요. 바로 수면 장애 개선 효과랍니다. 잠이 보약이라고 하는데 자다가 자꾸 깨거나 쉽게 잠들지 못하는 상태가 지속되면 건강이나 사회생활, 학교생활에 문제가 발생하지요. 이럴 때 감태를 섭취하면 수면과 관련된 호르몬을 활성화시켜 숙면을 취할 수 있도록 도와준다고 해요.

바람이 심하게 불고 난 다음 날 바닷가에 나가 보면 파도에 밀려온 감태를 발견할 수 있어요. 이것을 풍태라고 하죠. 생물자원 보호를 위해 바닷속의 감태를 채취하지 않고 풍태를 활용하여 여러 가지 연구를 진행하고 제품을 만들어 낸답니다. 감태의 효능이 연구되기 전에는 풍태를 소먹이로도 활용했어요. 놀랍지 않나요? 소먹이에서 인기 있는 건강식품으로 엄청난 신분상승이 일어난 제주산 감태, 제주바다의 보물이랍니다.

제주산 우뭇가사리 먹고
S라인 만들기

　　　　　매미 우는 여름이 되면 제주도 가정마다 식탁에 빠지지 않고 올라오는 식재료가 있어요. 바로 '우무'랍니다. 젤리 같기도 하고 묵 같기도 하지만 보다 상쾌하고 바다 맛도 약간 나지요. 과연 이 우무는 어떻게 만들까요?

　　제주바다에는 빨갛고 손바닥 크기만 한 해조류가 많이 자라요. 특히 제주도 동쪽 지역에 가면 길가에서 말리는 모습도 종종 볼 수 있지요. 바로 우뭇가사리과에 속한 우뭇가사리(학명: *Gelidium elegans*)예요. 이 우뭇가사리를 씻어서 잘 말리고 끓는 물에 푹 고아내어 잘 걸러 식히면 마치 묵처럼 탱글탱글한 우무 덩어리를 만날 수 있어요.

　　우무는 다양하게 요리하여 먹을 수 있답니다. 냉국, 무침 등 밥반찬은 물론이고 각종 간식에 활용할 수 있어요. 어린이들이 좋아하는 젤리와 푸딩에 응고제 역할을 하지요. 지금은 가루 제품으로도 시중에

우뭇가사리

우뭇가사리 건조

판매하고 있어 가정에서 손쉽게 간식 만들기에 활용할 수 있답니다.

우무의 주성분은 아가로스예요. 아가로스는 D-갈락토오스와 무수 갈락토피라노스가 교대로 연결되어 이루어진 다당류랍니다. 식물성 식이섬유의 한 종류이지요. 이 아가로스는 우리 몸에 소화 흡수가 되지 않아요. 아무리 먹어도 흡수가 안 되고 그대로 몸 밖으로 배설돼요. 즉, 배불리 먹어도 살찔 염려가 없다는 말이지요. 그리고 우무를 현미경으로 자세히 살펴보면 그물구조로 되어 있는 것을 관찰할 수 있어요. 그 그물 사이사이에는 물이 들어가 있지요. 다시 말해 물을 잡고 있는 능력이 매우 뛰어나답니다. 따라서 우무를 섭취하면 우무가 장을 통과할 때에 장내에서 비만을 유발하는 기름성분과 단당류 성분들의 흡수율을 떨어뜨려요. 더욱이 장운동을 도와주어 변비증상을 개선시켜 주고요.

한마디로 배불리 먹고 다이어트 할 수 있는 최고의 식품이라고 할 수 있겠죠. 건강한 S라인을 만들고 싶다면 우무를 강력 추천해요.

골관절염을 개선하는 까마귀쪽나무를 아시나요?

까마귀쪽나무는 녹나무과의 상록활엽수로, 크기가 7m까지 자라고 잎 뒷면에 갈색 털을 갖고 있지요. 이 나무는 암나무와 수나무가 다른 암수딴그루로, 10월에 열매를 맺은 후 다음 해 5월이 되어야 열매가 검게 익는답니다. 제주도 해안지대와 남해안 일대 각 섬 지역에 분포하고 있는 것으로 알려져 있어요.

제주도에서는 구름과 비를 몰고 오는 나무라고 해서 구럼비 또는 구럼비낭이라고도 불렸고, 열매가 익으면 까마귀가 '쪽' 소리를 내면서 먹는다고 해서 까마귀쪽나무라고 한다는 말도 있답니다. 까마귀쪽나무는 바람과 염분에 강해 바람이 많은 제주에서 방풍림이나 방조림으로 많이 이용되었고, 지금도 감귤 과수원에 가면 방풍림으로 사용되고 있는 것을 볼 수 있어요.

까마귀쪽나무 열매가 2015년에 제주 육상식물 최초로 골관절염 개

까마귀쪽나무

선 개별인정형 건강기능식품 기능성원료로 인정되어 건강기능식품 생산의 기반을 확보하게 되었답니다. 제주테크노파크 생물종다양성 연구소는 까마귀쪽나무 열매를 대상으로 기능성 평가, 지표성분 (Hamabiwalactone B) 설정, 항염증 효능 규명, 안전성 시험, 인체적용시험 등을 거쳐 기능성 원료로 인정받았지요. 이 기술은 기업체에 이전되어 제품이 생산·판매되고 있어요.

아래 그림은 쥐 발가락 사진이랍니다. 관절 부분이 부풀어 올라 골관절염 증상을 보이는 쥐 발가락(A 그림, 화살표)과 까마귀쪽나무 열매 추출물을 통해 깨끗하게 치료된 발가락(B 그림)이에요. 정말 신기하죠?

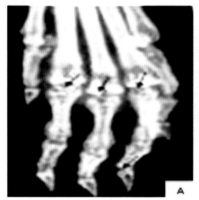
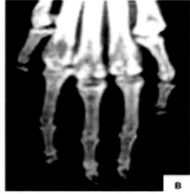

몸국으로
다이어트 하기

뭘 더 그래?

이거 진짜
비밀이야!

　　　　　제주 전통음식인 '몸국'을 아시나요? '몸'은
모자반(해조류의 한 종류)의 제주어로, 모자반을 넣어서 끓인 국이라 '몸국'
이라 불러요. 오래전부터 제주도에서는 집안에 기쁜 일이 있을 땐 큰
가마솥에 돼지고기를 푸~욱 삶고 그 국물에 모자반을 듬뿍 넣어 몸국
을 만들어 나누어 먹었어요. 지금은 제주 사람들은 물론 많은 관광객
들이 한번 맛보고 잊지 못하는 제주 대표 음식으로 자리 잡고 있지요.

　몸국에 들어가는 모자반은 '참모자반'이 대부분이지만 경우에 따라
서는 '경단구슬모자반'을 먹기도 해요. 구슬 모양의 공기 주머니가 달
려 있어 그런 이름이 붙었지요. 대부분의 모자반들은 비타민, 무기질
등을 풍부히 함유하고 있어 훌륭한 음식재료가 될 수 있고 더불어 건
강까지 챙길 수 있답니다.

　이렇게 최고의 영양가 있는 재료인 모자반에게 더 대단한 효과가 있

몸국

다는 사실을 실험을 통해 확인할 수 있었어요. 평범한 실험용 쥐에게 칼로리가 높은 먹이를 먹게 하여 뚱뚱하게 만든 다음 모자반을 먹이면, 뚱뚱한 쥐의 배를 차지하고 있던 지방이 눈에 띄게 사라졌고, 간에 있는 지방 역시 많이 사라졌어요. 간은 우리 몸의 해독 작용을 포함하여 굉장히 많은 일을 하는데, 간에 지방이 쌓이면 우리 몸의 중요한 일을 하지 못하여 건강이 나빠지죠. 그래서 간에 지방이 적당히 있는 것이 건강한 몸이라고 할 수 있어요. (정상 간의 경우 5% 미만의 지방을 포함하고 있어야 해요!)

지방세포는 세포 안에 지방을 만들어서 저장하는 일을 해요. 지방은 우리 몸에 없어서는 안 될 중요한 에너지원이지만 과도하게 생성된 지방은 우리 몸을 뚱뚱하게 해서 건강을 나쁘게 만들기 때문에 적당한 양의 지방을 갖고 있는 것이 중요하죠.

쥐의 지방을 염색해서 모자반의 효과를 확인할 수 있어요. 그림 A는 지방이 거의 없는 상태의 세포를 보여주고 있고, 연구를 위해 일부러 지방을 만든 그림 B에서는 빨갛게 염색된 지방을 볼 수 있어요. 하지만 모자반을 처리하면 그림 C, D, E에서처럼 빨갛게 염색된 지방이 없어지는 것을 볼 수 있어요. 그림 E는 그림 C보다 모자반을 더 높은 농도로 처리하였을 때 빨갛게 염색된 지방의 양이 적음을 보여주고 있어요. 모자반을 많이 먹을수록 지방을 적게 만든다는 사실을 말해주고 있지요.

모자반을 처리하였을 때, 감소되는 지방의 모습

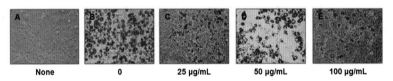

| None | 0 | 25 μg/mL | 50 μg/mL | 100 μg/mL |

하지만 모자반만 먹는다고 해서 절대 살을 뺄 수는 없어요! 살을 빼고 싶다면 두 가지를 기억해야 해요.

①바른 식습관으로 바꾸세요. 인스턴트 음식과 같은 기름진 음식은 우리 몸에 지방을 쌓이게 하기 때문에 균형 있는 음식을 먹는

것이 중요해요.

② 열심히 땀이 나도록 운동을 하세요. 우리 몸은 운동을 하면서 에너지를 사용하게 되는데 부족한 에너지는 다시 보충하려는 특징이 있어요.

체온이 36.5℃를 유지하듯이 우리의 몸은 항상성을 유지하려고 해요. 그래서 에너지가 부족하면 우리 몸속 지방을 분해하면서 에너지를 만들지요. 그러면 우리 몸속 지방은 점점 적어지겠죠? 이것이 바로 다이어트를 하려면 운동을 해야 하는 이유예요. 바른 식습관과 운동으로 다이어트를 할 때에 모자반과 같은 식품을 섭취한다면 다이어트에 큰 도움이 될 수 있어요.

날씬하고 건강한 몸매를 원한다면 영양가 있는 음식을 골고루 먹고, 하루에 30분 이상 운동하며 살을 빼는 데 도움을 주는 모자반과 같이 건강한 식품을 같이 먹어보는 것은 어떨까요? 이것이 바로 몸과 마음이 건강해질 수 있는 바른 생활습관이랍니다.

편백나무 피톤치드,
무엇일까요?

　　　　　　　　혹시 편백나무가 군락을 이루고 있는 숲에 가본 적이 있나요? 서귀포 자연휴양림이나 제주시 절물휴양림에 가면 편백나무 숲을 만날 수 있어요. 편백나무 숲에 가면 머리도 탁~ 트이고 가슴도 탁~ 트이는 상쾌한 나무향을 느껴 본 적이 있지요? 이 나무향들은 피톤치드(phytoncide) 성분이 모여서 만들어 낸 것이랍니다. 피톤치드는 식물이 스스로 자신을 보호하기 위해 몸 밖으로 내보내는 항균 기능을 갖는 물질들을 총칭하는 것이지요. 희랍어로 '식물의'라는 뜻을 갖는 'phyton'과 '죽이다'를 의미하는 'cide'의 합성어예요.

　여름철 불청객인 모기를 퇴치하는 스프레이의 주성분이 바로 피톤치드랍니다. 실제로 편백나무 숲에 가면 모기 등 해충이 없어요. 곤충들은 이 상쾌한 나무향을 싫어한답니다. 즉, 여러 가지 해충으로부터 나무 스스로 자신을 방어하기 위해 만들어내는 물질이 바로 피톤치드

편백나무 숲

예요. 나무는 움직일 수 없기 때문에 이 피톤치드를 내뿜어 서로 정보를 교환해요. 해충의 접근으로 한 그루의 나무에서 피톤치드가 생산되면 이 피톤치드가 공기를 통해 근처 동료 나무들에게 영향을 미치게 되지요. 일종의 경고 메시지를 전달하는 셈이랍니다.

또한 해충은 물론 병을 일으키는 병원균들도 피톤치드 성분에 꼼짝없이 죽어버려요. 그래서 살균 효과가 필요한 여러 가지 생활용품, 주방세제, 치약, 화장품 등에 피톤치드 성분이 활용된답니다. 실제로 예로부터 도마를 만드는 데 소나무, 편백나무를 사용했지요. 음식물과 물이 항상 묻어있는 도마는 세균이 번식하기에 최적의 조건이에요.

그러나 나무에 있는 피톤치드 성분이 각종 세균과 곰팡이 번식을 억제하여 청결한 요리를 가능하게 했지요.

그리고 피톤치드는 우리의 정신건강에 도움을 줘요. 편백나무, 삼나무 숲에 가서 삼림욕을 하면 머리가 맑아지고 개운해짐을 느낄 수 있어요. 그래서 불면증이 있는 사람들에게 편백나무로 만든 베개가 도움이 되기도 하지요.

그렇다면 피톤치드는 주로 어떤 성분으로 구성되어 있을까요? 향기를 잘 맡을 수 있다는 말은 이 성분들이 잘 날아다닐 수 있을 정도로 가볍다는 말이겠지요? 과학 용어로 하면 휘발성 물질이라고 해요. 제주산 편백나무의 피톤치드는 살균효과가 뛰어나고 솔잎향을 갖는 α-Pinene, 천식유발 곰팡이 억제효과가 있는 Sabinene, 세정, 소취효과가 뛰어난 L-Limonene, 자율신경조절, 진정 효과가 있는 Cedrol 등으로 구성되어 있어요. 주로 분자량이 200 이하인 저분자의 monoterpene 물질들이지요. 이렇게 과학적으로 여러 가지 기능들이 밝혀진 피톤치드 성분들은 공장에서 합성으로 대량 생산되어 여러 생활용품에 다양하게 활용되고 있답니다.

공부하다가 머리가 답답해진 친구 여러분, 주말에는 편백나무 숲에서 힐링하고 오는 게 어떨까요?

'간 때문이야'
섬오갈피 먹고 피로에서 탈출하기

"간 때문이야, 간 때문이야, 피로는 간 때문이야~" 한동안 TV 방송에서 자주 나왔던 피로회복제의 광고 문구예요. 정말 피로는 간 때문일까요? 아니지요! 피로는 과도한 업무와 학업 때문이에요! 과도한 업무와 학업에 시달리면 우리 몸에서는 활성산소를 비롯한 갖가지 독성 물질이 다량으로 발생해요. 활성산소도 체내에서 나름의 역할이 있지요. 유해한 세균이나 독성물질을 저해하는 좋은 기능도 하지만 다량으로 생성될 경우 우리 몸의 세포를 공격한답니다. 특히 해독작용을 담당하는 간세포가 활성산소에 의해 손상되면 간세포의 해독기능이 떨어져 자꾸 피로가 누적돼요. 그리고 알코올을 다량 섭취하는 횟수가 잦아질수록 간 기능이 바닥을 치게 되어 돌이킬 수 없는 간 손상이 일어나기도 하지요.

몸속의 간이 제 기능을 다하지 못하면 체내의 온갖 독성물질은 해독되지 못하고 그대로 장기에 쌓여 질병을 일으키는 원인이 된답니다. 그렇다면 간을 보호하는 방법에는 무엇이 있을까요? 공부하는 시간, 일하는 시간을 줄이면 되겠지요? 하지만 슬프게도 현실은 그렇지 못하죠. 열심히 공부도 하고, 일도 열심히 하면서 간을 지킬 수 있는 방법의 하나로 '섬오갈피'가 있답니다.

섬오갈피(학명: *Acanthopanax koreaum*)는 두릅나무과 식물로서 제주도 특산식물이에요. 제주도 중산간에서 자생하며 재배도 되고 있는 작물이지요. 인삼의 친척이 되기도 하는 섬오갈피는 잎이 다섯 갈래로 나누어지고 가을이 되면 검은색 열매가 열려요. 섬오갈피에는 다른 오갈피에서 발견할 수 없는 Acanthoic acid라는 성분이 다량 함유되어 있답니다. 이 성분은 간세포가 손상되어 섬유화되는 과정을 완화

섬오갈피 열매

시키고, 더 이상 독성물질로 간세포가 손상되지 않도록 보호하는 역할을 하는 것으로 밝혀졌어요. 사실 옛날부터 제주 어르신들은 과음을 한 다음 날 섬오갈피를 달인 차를 즐겨 마시곤 했답니다. 과학적으로 알 수는 없었지만 오랜 기간 민간요법으로 사용하던 귀한 식물인 셈이지요.

1998년 방콕 아시안게임이 끝난 후 재미있는 신문기사가 있었답니다. '오가피, 알고 보니 금가피!' 오갈피를 장기 복용한 선수들의 운동능력이 향상되어 메달을 많이 땄다는 내용이었지요. 특히 마라톤 종목의 한 감독은 오갈피를 복용한 선수들의 경우 피로가 누적되지 않고 쉽게 풀려 막판 스퍼트가 가능했다고 인터뷰를 하기도 했어요. 우리도 섬오갈피를 먹고 피로를 탈탈 털어내어 마라톤 선수처럼 목표를 향해 성실히 달려가볼까요!

섬오갈피 추출물 제품

'곰팡이제로' 똥낭(돈나무)으로 곰팡이 잡기

제주에서는 옛날부터 똥낭이라 불리는 나무가 있었어요. 빨간 열매에 파리 등의 벌레가 많이 꼬여, 똥처럼 지저분해 보인다고 하여 그런 이름이 붙여졌답니다.

똥낭의 정식명칭은 돈나무예요. 제주의 어느 지역에서나 흔히 볼 수 있는 나무지요. 4~5월에 하얀 꽃이 피고, 이후 9~10월에 빨간 열매를 드러내는데요. 돈나무 열매의 추출물을 가지고 연구한 결과 녹색곰팡이 종류(*Penicillium* sp.)에 대해서 항균효과가 있는 것으로 나타났어요. 녹색곰팡이는 겨울철 우리가 즐겨 먹는 감귤을 오래 두었을 때 감귤이 썩는 부위에서 많이 확인되는 곰팡이랍니다. 감귤을 저장·보관할 때 이 녹색곰팡이가 특히 많이 발생하여 농민들이 아주 아주 싫어하는 녀석이죠.

이러한 녹색곰팡이를 돈나무(똥나무) 열매가 삽는나? 어떻게 된 일일

돈나무 열매

까요? 아래의 왼쪽 사진을 보면, D-B-12라고 쓰여진 하얀색 동그라미 부분에 돈나무 열매 추출물을 넣었더니 녹색곰팡이가 자라질 못하고 있어요. 이것은 돈나무 열매의 성분 중 하나인 Saponin IIIA3 라는 성분이 녹색곰팡이의 생장 및 발생을 억제한 결과랍니다. 물론 실제로 사용하기 위해서는 좀 더 많은 연구가 필요하지만 가능성은 분명히 있어요.

우리 주변에는 아직도 이처럼 알려져 있지 않은 엄청나게 유익한 천연 자원들이 많이 있어요. 그걸 찾아내는 게 우리가 해야 할 일이겠죠? 돈나무 또한 이러한 좋은 식물체 중 하나로서, 여러분들의 많은 관심 속에서 똥이 아닌 돈을 벌어다 줄 수 있는 나무가 되길 기대해봐요.

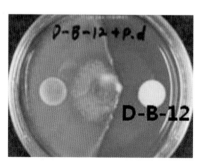

돈나무 열매의 녹색곰팡이 억제 효과

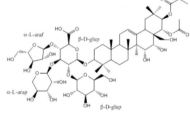

Saponin IIIA$_3$

(M.W.=1232.58)

돈나무 열매의 항균효과 물질 구조

화장품에 사용되는
제주산 원료는?

엄마의 화장대 위에 있는 스킨·로션, 언니의 가방 안에 있는 립스틱 등 화장품은 종류가 많지요. 그러면 화장품의 정의는 무엇일까요? '화장품'이란 인체를 청결·미화하여 용모를 변화시키거나 피부와 모발의 건강을 유지, 증진하기 위하여 인체에 바르거나 문지르거나 뿌리는 등 이와 유사한 방법으로 사용되는 물품으로서 인체에 대한 작용이 약한 것이라고 정의해요.

화장품을 만들 때에는 우리 주변의 흔한 자원들을 원료로 사용하기도 하는데요. 요즘에는 청정하고 독특한 제주도의 자원들이 인기가 높답니다. 그중 첫 번째로 여러분들이 좋아하고 제주를 대표하는 과일인 감귤이 있는데요. 감귤의 껍질은 항산화, 항균 및 항염 작용이 매우 뛰어나서 스킨·로션, 핸드크림, 비누 등 많은 범위에 걸쳐 사용되고 있어요. 두 번째로 녹차가 있는데요. 녹차는 항산화와 항균, 그리고 미백 활성이 뛰어나 마시는 차뿐만이 아니라 기초 화장품의 원료로 사용된답니다. 세 번째로는 손바닥 선인장의 열매인 백년초가 있어요. 식용이 가능한 백년초는 좋은 효능들을 많이 가지고 있는데, 그중 항균, 항산화 및 항염증 효과가 뛰어나 기초 화장품의 원료로 사용되지요. 마지막으로 제주도에서 흔히 볼 수 있는 화산석인 송이 (SCORIA)가 있어요. 화산송이는 피지 분비를 억제하고 모공을 축소하는 등 여러 기능들이 있어 팩, 비누의 원료로 사용되기도 하지요. 이 밖에도 동백, 마유, 비자와 같은 제주산 원료를 사용하는 화장품들이 많이 있답니다.

이처럼 제주산 천연자원 소재들이 화장품 원료로 각광받고 있는데,

굴

백년초

송이

녹차

2014년 기준 ICID(국제화장품원료집)에 등재된 원료는 470여 개에 이르고 있어요. 화장품 원료로 사용되고 있는 대표적인 제주산 소재로는 항염, 항알러지 효과의 문주란, 보습과 항염 효과의 동백 오일, 피부 보습의 백년초 추출물, 피부 영양공급의 유채꿀, 항산화와 항염증의 구아바 추출물, 슬리핑 효과의 당유자 추출물, 미백과 보습, 항염증의 감태, 항산화 효과의 예덕나무, 항노화 효과의 시로미, 미백효과의 산뽕나무 등을 들 수 있답니다.

아름다운 천년의 숲,
비자림을 아시나요?

　　　　　　　　제주시 구좌읍 평대리에 있는 천연기념물 제374호, 단일수종 세계 최대 규모의 숲, 제6회 아름다운 숲 전국대회 천년의 숲 부문 우수상 수상, 이렇게 멋진 타이틀을 가지고 있는 곳이 어딘지 아시나요. 바로, 비자림이에요. 비자림에는 500~800년생 비자나무 2,800여 그루를 비롯하여 희귀 난초, 초본류 140여 종, 머귀나무 등 목본류 100여 종이 자생하고 있답니다. 비자나무는 우리나라 남부지방과 일본에서만 자생하는 귀한 나무이고 사시사철 푸른 상록수예요. 비자림에 가면 늘 푸르른 비자나무들이 울창하게 하늘을 덮고 있답니다.

　비자나무는 목질이 연하고 습기에 강할 뿐만 아니라 잘 썩지 않고 벌레들이 비자나무 향을 싫어하기 때문에 예로부터 가구, 배, 특히 바둑판의 재료로 인기가 좋았어요. 그리고 비자나무의 열매는 구중제

비자나무 숲

로 활용되었지요. 《동의보감에》는 "비자 열매를 하루에 일곱 개씩 7일 동안 먹으면 촌충이 녹아서 물이 된다."라는 기록이 있답니다. 물론 지금은 천연기념물인 비자나무로 가구나 바둑판을 만들 수는 없고 비자나무 열매를 구충제로 먹는 사람도 없겠지요.

늦가을 비자나무 숲에 가면 녹색 비자나무 열매들이 달려있는 것을 볼 수 있어요. 비자나무 열매는 손가락 마디만 한데, 껍질과 약간의 과육을 벗겨내면 아몬드처럼 생긴 씨앗을 볼 수 있답니다. 다 익으면 절로 바닥에 떨어져 사라지는 이 아까운 열매들을 활용할 방법은 없을까요?

비자나무 열매

비자나무 열매의 에센셜오일은 여드름을 유발하는 여드름균(*Propionib-acterium acnes*), 식중독을 유발하는 황색포도상구균(*Staphylococcus aureus*)을 억제하는 효과를 갖고 있기도 해요.

이런 유용한 기능성을 이용하여 비자나무 잎, 열매 추출물로 식품을 신선하고 오래 보관할 수 있는 식품보관 필름(포장재), 피부 마스크팩 등이 개발되어 활용되고 있지요. 그리고 제주 자생식물을 주원료로 화장품을 개발하는 회사에서는 비자 트러블라인을 출시하여 인기리에 판매하고 있답니다. 또한 살충 항균 효과를 이용해 친환경 농업에 활용하는 시도도 이루어지고 있지요.

《식물의 인문학》의 저자 박중환 님은 이렇게 말했답니다. "비자나무를 가로수로 심으면 줄잡아 '1거 6득'이다. 첫째 관리가 쉬워 예산을 줄이며, 둘째 해마다 귀한 약재를 얻어 관리비를 충당하고, 셋째 수백 년 더불어 도시 미관을 재창조하면서 고도(古都)의 운치를 더하고, 넷째 죽어선 귀한 목재로 팔려 지자체의 금고를 다시 채워줄 것이다. 무엇보다 비자나뭇길 바람결에 싸한 나무 향내를 빼놓을 수 없다."

비자나무가 얼마나 유용한지 잘 알겠죠?

제주 석창포,
스트레스에 짱이래요

　　　　　　　　　　제주시 한경면 저지리 일원에서 대량 재배되고 있는 석창포(*Acorus gramineus Soland*)는 천남성과(araceae)에 속하는 여러해살이풀이에요. 뿌리줄기를 가을과 겨울에 채취하여 수염뿌리를 제거하고 건조하면 외형이 지네를 닮은 한약재가 된답니다. 석창포는 한의약에서 진정, 진통약으로 사용되는데요. 제주도 내에 자생하는 식물로서 예로부터 기억력 향상에 도움이 되어 총명탕을 지을 때 반드시 사용되는 한약재이지요.

　약리학적으로 스트레스를 풀어주는 석창포의 약효성분은 방향성의 정유이며, 주요 약효성분이 아사론(asarone)으로 진통, 진정 작용이 있어 진통제나 진정제로 사용한답니다. 아사론 성분은 제주산 석창포가 중국산보다 13% 높게 나타나 제주산 석창포의 약리학적 우수성을 입증하고 있지요. 또한, 타 지역(구례나 하동)에서 재배될 때보다 제주도에서 재배하였을 때 수확량이 3배가 많기 때문에 효능적인 면이나 재배되는 양으로 보았을 때 제주도가 재배 최적지라고 할 수 있답니다.

스트레스를 풀어주는 석창포의 효과를 한의학적으로 해석하면, 성질은 따뜻하고 맛은 매우면서 쓰지만 방향성이 강하여 인체의 장부와 경락의 기운소통이 잘 되지 않는 것을 뚫어 주고 탁한 기운을 제거하는 효능이 있다고 해요. 그리고 맑은 기운을 상승시키고 뇌를 건강하게 하는 작용이 있기 때문에 정신이 맑지 못하거나 두통, 어지러움, 안구 피로, 건망증, 기억력 감퇴, 치매, 이명, 목이 잘 잠기는 경우 등 스트레스에 의해 발생하는 증상 및 질환들을 개선하여 스트레스를 풀어주는 효과가 우수하답니다.

석창포

석창포

글	김창숙, 고미희, 고창식, 김기옥, 박수영, 송상목, 양경식, 양권민, 오대주, 윤선아, 윤원종, 윤충환, 이경후, 이도승, 이시택, 이용범, 이종철, 임순재, 함영민
사진	강희만, 고평렬, 송시태, 양경식, 이영돈, 이종철

제주섬의 보물지도

알아두면 쓸모 많은 제주의 생물다양성 이야기

2018년 8월 25일 초판 1쇄 발행

엮은이	JTP 생물종다양성연구소
펴낸이	김영훈
편집인	김지희
펴낸곳	한그루
	출판등록 제651-2008-000003호
	63256 제주도 제주시 천수동로2길 23
	전화 064 723 7580 전송 064 753 7580
	전자우편 onetreebook@daum.net 블로그 onetreebook.com

© 2018, 생물종다양성연구소

이 도서의 국립중앙도서관 출판예정도서목록(CIP)은
서지정보유통지원시스템 홈페이지(http://seoji.nl.go.kr)와
국가자료공동목록시스템(http://www.nl.go.kr/kolisnet)에서 이용하실 수 있습니다.
(CIP제어번호: CIP2018025306)

ISBN 978-89-94474-62-5 03470

값 16,500원